Magische Quellen Heiliges Wasser

Kurt Derungs

Magische Quellen
Heiliges Wasser

Die 22 Kultquellen der Schweiz

edition amalia

© 2009
edition amalia, Grenchen bei Solothurn
Lektorat: Beatrice Stucki
Gesamtherstellung: Kösel, Krugzell
Printed in Germany

ISBN 978-3-905581-29-4

www.amalia.ch

Inhalt

7 Wasserzauber
11 Ursprung des Wassers

Quellenkult
18 Reinheit der Quelle
24 Die Quelle als Orakel
29 Kinder- und Jungbrunnen
34 Gaben an die Quelle
41 Stoffe und Heilkraft
47 Regenmachen
52 Tänze und Lichter
56 Brücke und Gericht

Quellen im Jahreskreis
63 Winterende und Frühling
69 Sonnenwende und Johannistag
73 Sommer, Herbst und Winter

Quellen im Lebenslauf
78 Empfängnis, Geburt und Taufe
81 Liebe, Hochzeit und Tod

Quellgöttinnen
87 Frau Holle und die Weisse Frau
91 Landschaft der Ahnfrau
95 Sirona und Verena

99 **Wassermärchen**
105 **Quellen und Heilige**

Kultquellen

- 114 **Basel** Der Basilisk im Gerberbrunnen
- 122 **Arlesheim** Eremitagequelle der Odilie
- 128 **Baden** Heilwasser der Verena
- 136 **Bern** Der Glasbrunnen im Bremgartenwald
- 141 **Lenk** Simmenquelle im Berner Oberland
- 149 **Lauterbrunnen** Das Tal der Wasserfälle
- 158 **Rhonequelle** Gletschermilch und Eisjungfrau
- 166 **Leukerbad** Heisse Quellen im Wallis
- 172 **St. Moritz** Heilbad am Jungen Inn
- 182 **Scuol** Mineralwasserweg im Engadin
- 191 **Rheinquelle** Tomasee in Graubünden
- 197 **Bad Ragaz** Die Tränen der Tamina
- 204 **Luthernbad** Heilwasser in Luzern
- 209 **Werthenstein** Gnadenbrünneli am Jakobsweg
- 214 **Rigi** Das Kaltbad am Vierwaldstättersee
- 221 **Riedertal** Kindlibrunnen in Uri
- 226 **Einsiedeln** Brunnen der schwarzen Madonna
- 232 **Undervelier** Quellgrotte im Jura
- 240 **Vallorbe** Feengrotte und Orbequelle
- 248 **Areuse** Die Schlucht der Vouivre
- 254 **Ascona** Madonna della Fontana
- 260 **Zürich** Heilbrunnen der Wasserkirche

Anhang

- 268 Literatur
- 271 Bildnachweis
- 272 Sponsoren

Wasserzauber

Am meisten liebe ich die Sonne, nach
der Sonne den Frühling, dann die
Quellen, die in den Alpen kristallklar
aus den Felsen sprudeln, die in den
Adern der Erde rieseln und fliessen
wie das Blut in unseren eigenen Adern.

(Giovanni Segantini)

Die Quelle ist wie der Baum ein vitales Symbol des Lebens. Dennoch ist das erquickende Wasser noch unabdingbarer als das Holz. Aus dem Wasser entstand alles Leben – eine Tatsache, die nicht genug betont werden kann. Jeden Tag benötigen wir gesundes Wasser zum Leben: es stillt unseren Durst, reinigt den Körper, erfrischt unser Bewusstsein, heilt bei Krankheiten und lässt auf wunderbare Weise Pflanzen wachsen. Ausserdem wächst jeder Mensch zunächst als Embryo im Fruchtwasser der leiblichen Mutter heran. Diese Urerfahrung erleben wir erneut, wenn wir in heissen Quellen der Erdmutter baden. Die Erinnerung an das Schosswasser wird dabei lebendig, so dass das Baden in Quellen nicht nur ein alltäglicher, sondern auch ein mythologischer Vorgang ist. Zudem hat jeder von uns schon einmal nach einer langen Wanderung endlich eine erfrischende Quelle gefunden. Meistens liegt diese im Schatten, umgeben von feuchter Erde und Gestein. Wie wohltuend schmeckt das sprudelnde Wasser, das einen erdigen Geruch ausströmt. Und wiederum wird uns eine Urerfahrung bewusst: Der Quellgrund im Erdkörper ist nicht einfach ein Ort, wo Wasser entspringt, sondern der heilige Schoss der Mutter Erde. Leider werden diese mythologischen Zusammenhänge in unserer Kultur vielfach vergessen oder verdrängt. Allzu lange schon leben wir in der modernen Zivilisation in einer entmythologisierten, entzauberten und entseelten Landschaft. Wir haben uns ein sehr einseitiges Bewusstsein von der Landschaft geschaffen, das die Wahrnehmung der natürlichen Vorgänge völlig verzerrt. Alle indigenen Kulturen berichten seit Jahrtausenden von der Natur als einem lebenden Wesen. Viele von ihnen haben auch eine Sprache der Verwandtschaft, wenn sie von der Natur reden. So hören wir von «Mutter Fluss» oder von «Mutter Quelle», ebenso von der «Waldmutter» oder der «Tiermutter». Solche Völker mit entsprechender Tradition haben gegenüber der Natur eine völlig andere Geisteshaltung.

In diesem Zusammenhang stellt sich auch die Frage, was eine Hochkultur ist. Oft fühlen wir uns ja indigenen Kulturen überlegen. Viele Indigene würden aber erstaunt sein, unsere Auffassung von einer leblosen Natur zu hören. Zudem ist kultureller Fortschritt relativ, was ich mit einem Beispiel zeigen möchte. Wir alle gehen manchmal im Wald spazieren oder wandern in den Bergen. Im Rucksack sind unsere Flaschen verstaut, worin zu Hause Wasser abgefüllt wurde. Nach ein paar Stunden sind die Flaschen jedoch leer, und wir suchen auf dem Weg Trinkwasser. Plötzlich entdecken wir am Waldrand einen schönen Brunnen, der von Wasser überquillt. Wenn wir uns dem Brunnen aber nähern, lesen wir mit Unbehagen «Kein Trinkwasser». So gehen wir weiter ins nächste Dorf. Unsere Ausdauer wird belohnt, denn schon von weitem sehen wir einen stattlichen Dorfbrunnen mit einer verzierten Röhre, aus der das kühle Nass sprudelt. Mit grosser Freude begeben wir uns zum Brunnen und nehmen die Behälter hervor. Wenn wir jedoch die Flasche zum Füllen unter die Röhre halten wollen, sagt eine Anschrift ebenfalls «Kein Trinkwasser». Die Enttäuschung über das «ungesunde Wasser» wächst von Brunnen zu Brunnen, und schliesslich landen wir in einem Gasthof, wo wir Mineralwasser kaufen müssen.

Was ist also geschehen? Trotz kultureller Fortschritte der letzten Jahrhunderte ist es nicht gelungen, das elementare Bedürfnis nach Trinkwasser in der Landschaft zu ermöglichen. Nach der Entzauberung der Natur folgte ihre schonungslose Ausbeutung und in der Folge die Vergiftung der Flüsse, Seen und Quellen – und damit auch von uns selbst. Ist unsere Aufmerksamkeit einmal auf solche natürlichen Dinge gerichtet, stellt sich tatsächlich die Frage: Sind wir eine Hochkultur?

Wie dem auch sei, bemerkenswert ist in den letzten Jahrzehnten die anhaltende Hinwendung zu Naturthemen wie Bäume, Wälder, Quellen, Flüsse und Steine. Erfreulich ist dabei die Suche nach einem anderen Umgang mit der Natur. Doch warum gerade heute? Anscheinend sind sich mehr und mehr Menschen bewusst, dass die uns umgebende Natur verödet und allmählich entschwindet. Die Vernichtung der Landschaft ist eben nicht nur ein technisches Problem, sondern auch eine Frage des kulturell-mythologischen Bewusstseins. Werden wir wieder zu einer Verwandtschaft mit der Natur finden?

Die Schweiz ist ein wunderbares Land der Seen, Flüsse und Quellen. Hier entspringen grosse Flüsse wie Rhein, Rhone und Inn. Wer einmal einen Sonnenuntergang an einem tiefblauen Bergsee erlebt hat, wird den Zauber der Landschaft für immer in Erinnerung behalten. Wir sind aber auch reich an Wasserfällen, die schäumend über die Felsen zu Tal stürzen. Wie fasziniert waren die romantischen Maler im 19. Jahrhundert vom herabfallenden Wasser in den Alpen! Wir brauchen daher keine Schnellboote auf den Gewässern, sondern liebliche Buchten der Meditation, um von der Wasserlandschaft beeindruckt zu sein. Ein weiterer Reichtum ist unser Trinkwasser direkt aus dem Wasserhahn. Viele Besucher aus anderen Regionen der Welt beneiden uns um diese Lebensqualität. Wie bereichernd wäre es, auch im öffentlichen Raum direkt am Quellschoss der Erde gesundes Wasser trinken zu können.

Das vorliegende Buch berichtet von solchen Quellen, Seen und Flüssen, wo das Wasser in seiner Naturvielfalt erlebbar ist. Darüber hinaus handelt es sich um kulturgeschichtliche Stätten. Es sind Orte mit einer sensiblen Naturverehrung, die weit in die vorchristliche Zeit reicht, obwohl vieles mit Heiligenfiguren überdeckt ist. Römer und Kelten haben ebenfalls ihre Spuren hinterlassen. Der Kult der Quellen jedoch stammt – wie viele andere Kultbräuche – aus der vorkeltischen Jungsteinzeit und reicht sogar weiter zurück bis in die Anfänge der Menschheit. Denn ohne Quellen kein Leben, keine menschliche Zivilisation. Wie geschätzt und verehrt das Wasser wurde, beschreibt dieses Buch. Bräuche, Riten und jahreszeitliche Feste bezeugen die grosse Wertschätzung der Quellen. Diese sind von göttlicher Herkunft und dürfen nicht verunreinigt werden. Viele Plätze in diesem Buch sind auch Orte der Heilkraft: der Jungbrunnen schenkt neues Leben, von der Quelle werden die kleinen Kinder geholt und der Heilbrunnen macht wieder gesund. Die Lesenden erhalten einen fundierten Überblick über den Wasserkult in der Schweiz. Darüber hinaus sind es mythologische Praktiken, die uns mit vielen indigenen Kulturen verbinden. Denn unsere Vorfahren waren einst nicht abergläubisch, wie uns gewisse Kreise einreden wollen, sondern naturverehrend. Darum müssen wir uns immer fragen: Warum wurde der Wasserkult gepflegt und in welchem naturmythologischen Zusammenhang stehen die Rituale? Der reich bebilderte Reiseführer gibt anhand der Schweizer Kultquellen differenziert Antworten auf solche Fragen. Und nicht zuletzt fördert der Reisebegleiter die Begegnung mit den Gewässern.

Ursprung des Wassers

In den meisten Entstehungsgeschichten der Welt wird nicht ausdrücklich erwähnt, woher das Wasser kommt. Es ist schon da, ewig in sich ruhend für alle Zeiten. Dennoch gibt es einige Mythen, die von der Herkunft des Wassers, der Flüsse und des Meeres berichten. In Griechenland sangen die Dichter den sogenannten olympischen Schöpfungsmythos. Hier taucht am Anfang aller Dinge Mutter Erde (Gaia) aus dem Chaos und gebärt im Schlaf aus sich selbst heraus ihren Sohn Uranos. Dieser blickt von den Bergen auf die Erde herab und sprüht fruchtbaren Regen über die geheimen Öffnungen ihres Leibes. Da gebärt sie Gras, Blumen und Bäume, aber auch Tiere und Vögel. Derselbe Regen bringt die Flüsse zum Fliessen und füllt die Tiefen, so dass Seen und Meere entstehen.

Obwohl dieser Mythos weit verbreitet ist, gehören Teile davon nicht zu den ursprünglichen Überlieferungen. Denn wir müssen bei vielen Texten berücksichtigen, dass die griechische Oberschicht patriarchalen Vorstellungen huldigte. Daneben bestanden auch andere Traditionen, so zum Beispiel der pelasgische Schöpfungsmythos – so genannt nach den Pelasgern, der vorgriechischen Bevölkerung Griechenlands. In dieser Schilderung steht am Anfang Eurynome, die Göttin aller Dinge. Nackt erhebt sie sich aus dem Chaos. Als sie nichts Festes findet, worauf sie ihren Fuss setzen kann, trennt sie das Meer vom Himmel und tanzt auf den Wellen. Sie tanzt gegen Süden, und als sie so voranschreitet, entdeckt sie hinter sich den Nordwind. Sie dreht sich um, erfasst den Wind und reibt ihn zwischen ihren Händen, in denen sie plötzlich Ophion, die grosse Schlange, hält. Eurynome tanzt, immer wilder und wilder und paart sich mit der Schlange. Darauf nimmt sie die Gestalt einer Taube an. Sie lässt sich auf den Wellen nieder und legt das Weltei, das die Schlange ausbrütet. Aus dem Ei entspringen alle

Die Schlangengöttin gleicht der Urmutter Eurynome. Steinstele von Gotland, Schweden.

Dinge: Sonne, Mond, Planeten und Sterne; auch die Erde mit den Bergen und Flüssen, den Bäumen, Kräutern und Lebewesen.

Manche sehen in Eurynome eine Meeresnymphe, doch ihr möglicher Name «die Universelle» weist sie als eine Grosse Göttin aus. Die Nähe zur Erdmutter Gaia, die ebenfalls aus dem Chaos taucht, ist unverkennbar. Es besteht auch die Auffassung, dass Eurynome ein Beiname der Artemis war. Ein Standbild in Arkadien zeigte sie halb Frau und halb Fisch, also in einem typischen Mischwesen, wie es in unzähligen Mythensagen vorkommt.

Sehr archaisch sind Überlieferungen, die erzählen, dass eine Ahnfrau aus ihrem Schosswasser die Flüsse, das Meer und die Seen entstehen lässt. Einen entsprechenden Hinweis finden wir in der keltischen Mythologie, die wiederum auf alteuropäischen Mythen basiert. So wird erwähnt, dass die Urmutter Ana (Dana) mittels ihres Urins einen See hervorbrachte, den Loch Gur. Dieser See liegt im Süden Irlands im Bezirk Limerick und hat die Form eines Halbmondes. Einer der grössten Steinkreise Irlands, der Grange Stone Circle, wurde hier von Menschen, die am See wohnten, vor etwa 4100 Jahren errichtet. Die Ahnfrau erscheint zuweilen auch in Tiergestalt, nämlich als Stute. Daher heisst es von anderen Seen, sie seien aus dem Urin göttlicher Stuten entstanden. Nebst dem Urin der Urmutter wird auch ihr Menstruationsblut erwähnt. So bewirkte der Blutfluss der mythischen Königin Medb in Irland drei tiefe Kanäle im Erdboden.

In Australien erzählen sich die Ureinwohner im Norden des Kontinents folgende Schöpfungsmythe: «Die All-Mutter kam über das Meer. Sie hatte die Gestalt einer Regenbogen-Schlange. In ihrem Innersten trug sie ihre Kinder (die Ahnen). Für diese machte sie Wasser, indem sie auf das Land urinierte. So entstanden Seen, Flüsse und Wasserlöcher, damit die Ahnen ihren Durst stillen konnten.» Allgemein sind Quellen und natürliche Brunnen in der Aborigines-Mythologie mit der Kraft der Frauen, der Fruchtbarkeit und der Geburt verbunden. Man nennt sie deshalb das Lebende Wasser.

In Afrika glauben die Kung in Botswana, dass das Wasser von Frauen stamme. Diese haben besondere Macht über die Gewässer. In Westafrika erzählt man von der Grossen Göttin Woyengi: «Woyengi hat die Welt erschaffen. Sie ist die Mutter der Welt, die hell und strahlend ist

Quellwasser aus dem Schoss der Erde. Felsöffnung auf dem Weg zur Rheinquelle am Oberalppass, Graubünden.

Die Wassernymphe als Schöpferin des Lebens. Fresko im Münstertal, Graubünden.

wie die Sonne, deren Füsse die Erde berühren und deren Kopf bis zum Himmel reicht. Woyengi gebietet über Sonne und Mond. Aus ihrer göttlichen Gestalt liess sie Tausende mit Lebensodem beschenkte Geschöpfe hervorgehen. Ihr Schöpfungswerk führt sie bis heute fort, indem sie im Schoss der Frauen Embryos wachsen lässt. Die Göttin Woyengi hat auf der Erde zuerst den Niger geschaffen. Im Himmel hat Woyengi das Abbild des Niger geschaffen, das in Gestalt des Regens auf die Erde herabströmt. Die ersten Menschen schuf Woyengi aus Ton.»

In Japan berichten die Mythen von der Ersten Mutter Izanami. Aus ihrem Mageninhalt entstanden männliche und weibliche Metall-Gottheiten, aus ihrem Darminhalt entsprechende Erd-Gottheiten. Aus ihrem Urin entstand eine Wassergöttin, danach gebar sie die Göttin der Vegetation. Diese Göttin hatte wiederum eine Tochter, die Göttin der Nahrung. Nach diesem Schöpfungsakt starb die Ur-Mutter.

Die koreanischen Mythen kennen eine Kosmogonie der Göttin Solmundae Halmang der südlichen Insel Cheju. Ihr Name bedeutet soviel wie «Grossmutter». Sie schuf die Inseln, die Berge, die Täler und die Hügel, ebenso die Flüsse. Die Riesin ist aber auch ganz konkret gegenwärtig: sie ist die Insel selbst. Der höchste Berg, der Hanla, reicht bis zu ihrem Ellbogen hinunter, und der tiefste Fluss bis zu ihrem Fussknöchel.

Ursprung des Wassers

Ihr Darminhalt verwandelte sich einst in 360 Anhöhen, und aus ihrem Urin schuf sie den Meereskanal. Sie ist die Landschaft selbst. Über die ganze Insel hinweg ist ihre Anwesenheit erkennbar.

In der nordeuropäischen Mythologie kennt man die Quelle der Göttin Urd (Urdbrunnen). Es ist eine der drei Quellen, die unter den Wurzeln des Weltenbaumes Yggdrasil entspringen. Diese riesige Esche teilt die Welt in Himmel (Äste), Erde (Stamm) und Unterwelt (Wurzeln). Die Quellen entstammen somit der Unterwelt, dem Reich der Schicksal bestimmenden Nornen. Quelle und Unterwelt gelten als deren heiliger Schoss, ebenso ist von einem «brodelnden Kessel» (Hvergelmir) die Rede, der wiederum auf ihre Weiblichkeit hinweist. Aus ihm entsteht alles Leben, wächst heran und kehrt zum uterinen Gefäss zurück, um nach einer Zeit der Regeneration verjüngt wiederzukehren. Hvergelmir ist gemäss der mythologischen Vorstellung auch der Ursprung aller Flüsse. Hier, an den Wurzeln der Weltenesche, bewacht der Drache

Quellgöttin Coventina in dreifacher Gestalt mit Krügen und Lebenswasser. Northumberland, England.

Nidhöggr den Kessel. Eine dritte Quelle wird vom Riesen Mimir bewacht. Darin befinden sich Wissen und Weisheit der drei Schicksalsgöttinnen. Wer aus der Quelle trinken möchte, muss eine Gabe überreichen; durch das Trinken des Wassers wird man hellsichtig. Die Schicksalsfrauen selbst heissen Verdandi «das Werdende», Skuld «das Seinwerdende» und Urd «das Gewordene». In diesem Sinn bilden sie die zeitlich umfassende Dreiheit Schöpferin, Erhalterin und Wandlerin.

Und wie steht es mit den Sagen? In Bayern entstand der Ammersee auf Wunsch dreier geheimnisvoller Frauen. Das ist ein Motiv, das auch in Schweizer Sagen vorkommt. So erzählt man sich vom Pfäffikersee im Kanton Zürich folgende Geschichte: Einst lagen die Ländereien um Pfäffikon im Besitz dreier seltsamer Jungfrauen. Jede sprach vor ihrem Tod einen Wunsch aus, was mit dem Land geschehen sollte. Die Älteste meinte, es solle zu Wasser werden. Die Mittlere wünschte sich Grasland und die Jüngste gutes Wiesenland. Und so geschah es auch. Es entstand der See, das Ried und das Wiesenland von Pfäffikon. Hinter den «drei Jungfrauen» stehen zweifellos die mythischen Schicksalsfrauen, die gemäss Volksglaube an der Wiege jedes Kindes erscheinen und ihm das Los zuteilen. Die Weberinnen des Lebensfadens sind aber auch diejenigen, die einer ganzen Landschaft Segen oder Unheil bringen – je nachdem, wie die Menschen mit der Natur umgehen.

Quellenkult

Reinheit der Quelle

So vielfältig wie das Wasser selbst, so umfangreich sind auch die damit verbundenen Bräuche. Weder fehlt es bei jahreszeitlichen Ritualen noch bei der Taufe. Sehr beliebt sind die Gewässer als Herkunftsorte des Lebens sowie beim Heilungs- und Opferritual. Trotz dieses Reichtums hebt sich eine Bedeutung deutlich hervor: die Reinheit der Quelle. Das Wasser, das hell und klar aus dem Felsen sprudelt, wird als besonders rein verehrt. Die heisse Therme, die direkt aus dem Boden quillt, ist völlig ungetrübt. Hier, am Urquell der mütterlichen Erde, strömt das Wasser des Lebens in seiner vollkommenen Reinheit. Unmittelbar aus dem Leib der Erde kann es geschöpft werden. Es ist noch jung und heilkräftig; keine Verunreinigung trübt das erfrischende Nass. Wer einmal durstig in einem schattigen Wald eine kühle Quelle entdeckte und ihre wohltuende Wirkung empfand, kann den Quellenkult nachempfinden. Sogleich fühlt man sich gestärkt – die Quelle schenkte uns ihre belebende Kraft.

Entsprechend gibt es verschiedene Mahnungen, das Wasser nicht zu verunreinigen und dadurch zu entweihen. In Graubünden soll man zum Beispiel nicht ins Wasser speien oder seine Bedürfnisse darin verrichten: «Wenn man ins Wasser pinkelt, so weint die Nossadunna.» Dies hörte man früher oft in den rätischen Bergtälern. Der Spruch zeigt, dass das Wasser das Reich einer Wassergöttin war, die später Nossadunna «Unsere liebe Frau» genannt wurde. Es handelt sich hier in Rätien wohl um die mythische Margaretha mit ihrer sagenumwobenen Landschaft. Die Heiligkeit der Gewässer zeigt auch ein Appenzeller Spruch: «Wenn man ins rinnende Wasser sieht, so sieht man der Gottheit ins Auge.» Diese «Gottheit» muss nicht unbedingt eine christliche sein, sondern ist eher ein «Naturwesen». Denn die Gewässer waren sowohl der Aufenthaltsort der «Nossadunna», anderseits waren sie selbst eine göttliche Ahnfrau. Ausserdem ein Ort, wo sich die Verstorbenen aufhielten. So sagte man im Wallis (Val d'Anniviers): «Wer fliessendes Wasser verunreinigt, verursacht den Seelen seiner verstorbenen Eltern Schmerzen.» Hier steht das Wasser für den Seelenort der Verstorbenen, während im übrigen Wallis der Gletscher als Aufenthaltsort der Toten gilt.

Auf der Engstlenalp im Berner Oberland sprudelt neben dem Berggasthof eine Karstquelle. Es ist der abwechselnd pulsierende «Wunderbrunnen», der auf die Schneeschmelze des umliegenden Gebirges reagiert. Der sogenannte Zeitbrunnen ist ab dem Sommer für drei bis

Reinheit der Quelle

Reines Quellwasser der Alpen im Lötschental, Oberwallis.

Schmelzwasser für den Wunderbrunnen, der nicht verunreinigt werden darf. Engstlenalp, Berner Oberland.

Die weisse Frau verkörpert die Quelle mit ihrer Lebenskraft. Wassernymphe in Dublin, Irland.

vier Monate aktiv. Nachmittags um vier Uhr quillt das Wasser hervor und versiegt in der Nacht. Man sagt, dass die Quelle den Menschen und den Tieren besonders wohl tue und niemals schade. Jedoch, wenn etwas Unreines hineingeworfen oder darin gewaschen werde, bleibe das Wasser lange Zeit aus – das segensreiche Wasser zürne über die Entweihung.

Die Reinheit der Quelle wird von der sie hütenden weissen Frau verkörpert. Sie hält sich vornehmlich bei Wäldern, Burgen und Brunnen auf. So zum Beispiel beim Margarethenbrunnen von Bischofstein im Kanton Baselland. Bei hellem Sonnenschein soll ein «feines, weissgekleidetes Burgfräulein» oft zum Brunnen gegangen sein. Dort flocht sie ihre Haare. Ebenso hörte man zu gewissen Zeiten einen wunderbaren Gesang. Einmal kamen drei junge Männer zum Margarethenbrunnen. Sie sahen dort eine schöne Frau in einem blauen Mantel sitzen. Sie kämmte ihr langes schwarzes Haar und beschaute sich im Spiegel der Quelle. Früher war der Brunnen ein klarer Born inmitten alter Waldbäume. Das Wasser galt als gesund und wurde sehr geschätzt. Wer an Pfingsten bei Sonnenaufgang drei Schlücke nahm, war ein Jahr lang vor Krankheiten geschützt. Es handelt sich somit um einen sogenannten Osterbrunnen, wie es auch vom Berner Glasbrunnen berichtet wird. Bekannt war ebenfalls die weisse Frau von Haldenstein bei Chur. Die Quellenjungfrau verlieh dem Wasser die Kraft, Kranke zu heilen. Der Ort war ein beliebtes Wallfahrtsziel, und viele sollen hier ihre Gesundheit wieder erlangt haben. Obwohl das Wasser immer noch fliesst, hat man die Nymphe lange nicht mehr gesehen. Das Wasser scheint seine Heilkraft verloren zu haben.

Zur Heiligkeit des Wassers gehört auch, dass man gewisse Seen nicht beunruhigen darf, weil sonst verheerende Gewitter entstehen. In der irischen Provinz Munster ist eine Quelle bekannt, die weder von Menschen berührt noch gesehen werden durfte. Sollte dies doch der Fall sein, überschwemmt sie die Gegend. Man kann sie dann nur beschwichtigen, indem man Milch von einer einfarbigen Kuh aussprengt, um das Wasser zu versöhnen. In der Schweizer Geschichte ist in dieser Hinsicht der ehemalige Pilatussee am bekanntesten. Darin soll der «biblische Pilatus» seine letzte Ruhestätte gefunden haben. Jeden Karfreitag vor Ostern stieg er aus dem See empor und sass mit vollem Ornat auf einem Thron. Allgemein galt ein Verbot, Steine oder andere Dinge in den See zu werfen. Tat man dies doch, so störe dies den Pilatus und den See. Die Folge sei, dass Gewitter über das Land zögen und Verwüstungen anrichteten. In Luzern bestand das Verbot noch im 15. Jahrhundert. Niemand durfte ohne Bewilligung auf den Pilatusberg und zu den Seen steigen. Als dies doch einmal Mönche wagten, wurden sie festgenommen und ins Gefängnis geworfen. Hinter Pilatus steckt ein alter Wettergott, der auf seinem Bergsitz Wolken und Regen hervorruft. Später wurde er zu einem Dämon gemacht.

Weniger bekannt ist, dass bei unserem Wassergeist auch eine Quellgöttin weilte. Eine Sage vom Pilatus berichtet von einer Frau, die jährlich zu einer gewissen Zeit mit zwei weissen und zwei schwarzen Ziegen bei einer Quelle erscheine. Segnet sie die Landschaft, komme sie mit den weissen Ziegen, bei Unglück mit den schwarzen. Die Gewässer, die man nicht beunruhigen durfte, waren nicht nur heilig, sondern in ihnen lebten die Seelen der Verstorbenen weiter. So war ein See Jenseitsort und zugleich Paradies der Unterwelt. Hier weilten die Ahnen, bis sie eines Tages wiedergeboren wurden. Ein solcher See war der Seelisbergersee im Kanton Uri. Niemand durfte in ihn hineinschreien und die Ruhe der Toten stören.

Der Wassergeist Pilatus im ehemaligen Pilatussee
durfte nicht gestört werden.

Reinheit der Quelle

Die Quelle als Orakel

Eine bedeutende Rolle spielten die Quellen im Orakelwesen. Der Stillstand eines Flusses wurde als göttliches Zeichen gesehen, ebenso das Versiegen einer Quelle. Römischen Berichten zufolge kannten germanische Stämme Seherinnen, welche die Stromwirbel beobachteten und durch das Drehen und Rauschen die Zukunft erforschten. Beachtet wurden aber auch die Bewegungen der Wellen, die Töne und Klänge, der hohe oder niedere Wasserstand sowie das plötzliche Fliessen einer Quelle. Im deutschen Vogtland, zwischen Ranis und Pöseck, heisst eine Quelle «Krimelloch». Darin wohnte eine weisse Frau, zu der die Leute der Gegend gingen, um Rat zu holen. In Kärnten liegt zwischen Hollenburg und Feistritz das Weizelsdorfer Moor. Dort hausten einst Frauen, die den Leuten singend verkündeten, welche Getreideart in dem Jahr besonders gedeihen werde. Wie schon erwähnt, erscheint jedes Frühjahr die geheimnisvolle Frau am Pilatus und zeigt durch die weisse oder schwarze Farbe der Ziegen an, ob das Jahr fruchtbar oder unfruchtbar werde.

Das Drehen und Rauschen der Stromwirbel diente den Seherinnen als Orakel.

In Böhmen wird von den Teichen um Policka erzählt, dass man die Wasserfrau bei Mondschein entdecke. Wer sie zuerst erblickt, wird das ganze Jahr Glück haben. Wenn sie singt, trifft den, der sie hört, Unglück. Kommt sie an Land, so steht der Gegend Überschwemmung bevor. Eine Orakelquelle ist auch der Moritzbrunnen bei Leutenbach in der Fränkischen Schweiz (siehe Kapitel St. Moritz im Engadin). Schwimmt bei der Befragung das Holz auf dem Wasser, bedeutet dies Glück und Segen.

An die nordeuropäischen Seherinnen erinnern die Quellenwächterinnen in Schottland und Wales, die man *doire* (Befallene, Besessene?) nennt. In der walisischen Gegend von Llanberis befindet sich der St. Peris-Brunnen (Ffynnon Beris). Den Brunnen suchte man zur Heilung von rachitischen Kindern auf. In der Nähe der Quelle stand unterhalb eines Felsens ein Bauernhaus namens Tynyffynnon. Darin lebte eine weise alte Frau, die von ihren Vorfahrinnen das Amt einer Wächterin geerbt hatte. Die Aufgabe der Hüterin war, zwei heilige Forellen im Brunnen zu halten. Die alte Frau deutete das Verhalten der geweihten Fische und sprach Orakel aus. Für ihre prophezeienden Dienste wurde sie von den Besuchenden bezahlt. Eine solche Tradition kannte man bis ins 18. Jahrhundert auch in Cornwall. Dort wachte über den St. Gulval-Brunnen bei Penzance eine ortsansässige weise Frau. Die Hüterin weissagte den Besuchenden ebenfalls aus den Wassern.

Besonders interessant ist die Wechselbeziehung zwischen dem «Geist des Wassers» und den Menschen. Gerne zeigt sich dieser in Fischgestalt. Im Ülmener Moor in der Eifel liessen sich jeweils grosse Hechte sehen. Man glaubte dann, dass ein Erbe des Hauses Ülmen sterben werde. Im Luzerner Rotsee erscheint ein ungeheurer Fisch, wenn der Eigentümer des Sees im selben Jahr sterben soll. Im Fischteich der Walliser Ortschaft St. Maurice zeigte eine tote Forelle den nahen Tod eines Chorherren an. Ebenso verkündete ein riesiger Fisch im Zugersee Krieg, Pest oder Teuerung. Gemäss einer alten Sage steht der Fluss Fulda still, wenn ein regierender Fürst des Landes Hessen oder eine Fürstin sterben soll. In Franken strömt auf einem Berg bei einem Adelsschloss ein reichlicher Brunnen. Wenn jemand aus dem Geschlecht sterben muss, hört er auf zu fliessen. Ein aussergewöhnliches Beispiel ist der Totenbach in St. Stephan im Berner Oberland. Es handelt sich um eine stark fliessende Quelle, die am Eingang des Kirchhofes entspringt. Bei Wetterverände-

Geheimnisvolle Fische verkünden im Orakelbrunnen Glück oder nahen Tod eines Menschen. Ebenso bewirken sie die Empfängnis eines Kindes.

rung soll sie sich trüben und dann mehrere Stunden lang einen weissen Stoff auswerfen, bei schönem Wetter jedoch klar sein. Die Bewohner glauben, dass bald nach der Trübung jemand in der Gemeinde sterben müsse. Unter dem Kirchhof soll ein ungeheurer Drache liegen. Er beunruhigt das Wasser, wenn er zeitweilig heftige Krämpfe hat.

Wie sollen wir nun diese Gegenseitigkeit verstehen? Offenbar gibt es eine Seelenverwandtschaft zwischen dem Gewässer und einzelnen Personen, alteingesessenen Geschlechtern oder ganzen Landschaften. In Mythen und Märchen finden wir ebenfalls eine solche Verwandtschaftsbeziehung. Stirbt ein Fisch, so stirbt auch ein mit ihm verbundener Mensch. Sie tauschen gleichsam ihre Existenz, indem der Fischgeist zu einem neugeborenen Menschen wird und die betreffende Person nun als Fisch im Wasser weiterlebt. Meistens ist bei dieser Transformation folgender Gedanke verbunden: geschieht dem Fisch (Tier, Quelle) etwas, so trifft dies auch den seelenverwandten Menschen und umgekehrt. Besonders zwischen Tieren, Bäumen und Menschen bestehen bei vielen Völkern solche totemistischen Anschauungen. Deren Ursprünge finden wir in einer animistischen Tradition, die von einer beseelten und mit «Personen» belebten Natur ausgeht.

Zum Orakelwesen gehören in der Schweiz auch die sogenannten Hungerbrunnen. Einer der bekanntesten war der Hungerbach in Wangen im Kanton Zürich. Er stand in so hohem Ansehen, dass man vorschlug, seine Bewegungen täglich festzuhalten. Werde ein starker Wasserfluss beobachtet, treffe dies mit einer Teuerung der Kornpreise zusammen. Ähnliche Gewässer waren der Seltenbach in Eglisau und der Haarsee bei Henggart. Wenn dieser ganz ausgetrocknet war, glaubten die Bauern an eine ausserordentlich reiche Ernte. Weitere Orakelbrunnen waren der Hornusser Hungerbrunnen im Fricktal, eine Quelle bei der Ruine Neuenburg am Rhein, die Brunnen auf Aspi bei Affoltern am Albis und viele andere. Ein spezieller Hungerbrunnen war der See Glomazi im Elbland. Je nachdem, ob ein gutes Jahr oder Krieg zu erwarten war, strömte er Weizen und Hafer oder Blut und Asche aus. Die Leute der Gegend sollen ihn höher verehrt haben als die Kirchen.

Hier anschliessen können wir die Zeitbrunnen, manchmal auch Maibrunnen genannt. Sie waren sehr beliebt, denn man glaubte, dass sie nur dann fliessen, wenn Menschen und Tiere ihrer bedürfen. Der Name Maibrunnen kommt daher, weil sie im Mai zu fliessen anfangen, wenn die Herden um Pfingsten auf die Alpen ziehen. Im September, am Ende der Sömmerung, versiegen sie wieder. Ein bekannter Zeitbrunnen ist der schon erwähnte, periodisch fliessende Engstlenbrunnen im Berner Oberland. Hochgeschätzt wurde der Maibrunnen «Unserer lieben Frauen Brunn» in Leukerbad. Das Wasser soll jeweils am 25. März (Maria Verkündigung) hervorquellen und am 8. September (Maria Geburt) in die Unterwelt zurückkehren. Gleichzeitig war dieser Brunnen eine Heilquelle. Der Zeitbrunnen im Val d'Assa bei Ramosch im Unterengadin soll täglich dreimal wechseln. Er fliesst jedesmal nur etwa eine Stunde, dann aber ergiebig.

Kinder- und Jungbrunnen

Dass Kinder aus Quellen und Brunnen kommen, ist ebenfalls eine animistische Sichtweise. Alter Glaube war, dass eine verstorbene Person in der Natur als Ahnenwesen weiterlebt. Die Aufenthaltsorte waren sogenannte Seelensitze wie Steine, Bäume oder eben Gewässer. Hier konnten die Toten besucht und um Rat gefragt werden. Vielfach wurden sie mit kleinen Gaben gespeist. Denn eines Tages sollten sie wieder als kleine Kinder ins Leben zurückkehren. Die Frauenrituale, um dies zu bewirken, sind vielfältig. Meistens badete man im Wasser oder trank von der Quelle. Eine Geschichte aus Island erzählt, wie eine Frau am Teich einen Fisch schluckt und so die Empfängnis hervorruft. In Deutschland badeten die Frauen im hessischen Frau-Hollen-Teich auf dem Hohen Weissner (Meissner). In der Oberlausitz badeten die Bewohner von Rauschwitz und Kindisch am Ostermorgen zusammen mit dem Vieh in der Quelle am Kochstein, weil das fruchtbar mache. In Oberhessen gingen die Frauen zum Wildfrauborn bei Einartshausen. Wenn sie sich ein Kind wünschten, mussten sie vor Sonnenaufgang vom Born trinken. Vom Gütchenteich bei Halle an der Saale erzählt man, dass die unterirdischen Wesen gemeinsam mit den kleinen Kindern im Wasser wohnen. In Böhmen sagt man, dass das ungeborene Kind im Wasser lebe und von der

Die Quell- und Erdgöttin als Kinderschenkerin.

Hebamme mit einem Netz gefischt werde. In Köln kommen die kleinen Kinder aus dem Brunnen in der Kunibertskirche. Darin sitzt Maria und hütet die Kleinen, bis eine Frau kommt und sich eines aussucht. Die Muttergottes steht hier anstelle der weissen Frau. In Niedersachsen bringt die Wasserjungfrau den Eltern die Kinder.

Von einem sehr alten Frauenritual in Schottland berichten die Autoren Janet und Colin Bord im Buch «Sacred Waters». Der Brauch wurde noch im 19. Jahrhundert praktiziert. Wenn sich Frauen ein Kind wünschten, gingen sie mit einer alten Frau zu einer Heilquelle: «Die Alte kniete sich auf einen flachen Stein neben der Quelle. Die Frauen zogen ihre Stiefel und Schlüpfer aus und rollten Röcke und Unterröcke hoch, bis sich ihr Bauch nackt zeigte. Die Alte gab ihnen ein Zeichen, eine nach der anderen um sie herum und mit der Sonne um die Quelle zu gehen. Sie hielten dabei die Röcke hoch, als würden sie sich der Sonne selbst darbieten. Als sie an der Alten vorbeikamen, nahm diese Wasser in ihre Hand und spritzte es gegen die Bäuche. Dreimal gingen sie herum, dann liessen sie die Röcke wieder fallen, öffneten die Kleider am Hals und liessen sie von den Schultern gleiten, so dass ihre Brüste heraussprangen. Sie fielen neben der Quelle auf die Knie, nahmen Wasser in die Hand und spritzten es auf ihre Brüste, jeweils dreimal.»

Wie alt solche Frauenrituale sind, können wir nur erahnen. Jedenfalls gehen sie weit in die alteuropäische Zeit zurück. Das zeigen ähnliche Bräuche der Frauen in den Pyrenäen, wo diese an Quellen und Bächen fast gleiche Rituale der Kinderempfängnis ausübten. Besonders das Wasser der Schalensteine war gefragt. Es wurde früh am Morgen gesammelt, wenn der Tau auf den Steinen lag. Überhaupt spielt der Tau eine grosse Rolle im Wasserkult. Er wurde als Mondmilch betrachtet, heilsam und empfängniskräftig zugleich.

Auch in der Schweiz gibt es berühmte Quellorte der Kinderherkunft. So den Marienbrunnen der schwarzen Madonna von Einsiedeln, dessen Wasser Kindersegen verspricht. Sehr bekannt war das Badener «Verenenloch» im öffentlichen Verenabad des Kurbezirks. Das heisse Wasser der Therme habe schon so manchen Kinderwunsch erfüllt. Ein heimlicher Ort ist der Brunnen «Tittikasten» im Urner Riedertal, der ein vorzügliches Wasser aufweist. In Aarau holte man die Kinder aus den Brunnen des Stadtbachs. Die Jugendlichen hatten eine besondere Bezie-

Der Brunnen der Verjüngung: Alte Frauen steigen ins Wasser und kommen in jugendlicher Gestalt hervor. Lucas Cranach d. Ä., um 1546.

hung zu ihrem Bach, indem sie diesen feierlich begrüssten. Sie waren gleichsam Kinder des Baches. Der Wasserbrauch fand bis zum Jahr 1812 folgendermassen statt: Am Verenatag (1. September) wurde der Stadtbach jeweils abgestellt. Sobald nun der Kleinkinderbach eines Abends wieder floss, zogen die Jugendlichen ihm entgegen und riefen: «Der Bach chunnt, der Bach chunnt: Sind mini Buebe-n-alli gsund? Jo jo jo! Der Bach ist cho, der Bach ist cho: Sind mini Buebe-n-alli do? Jo jo jo!»

Mit den Kinderbornen verbunden ist die Vorstellung der Jungbrunnen, die man auch «Quecprunnen» nennt. Bei diesen suchten die Leute ewige Jugend und Schönheit, aber auch Heilung von Krankheiten. Mitunter sei sogar durch ihre Kraft das Geschlecht veränderbar. Als alter Mensch stieg man ins Wasser hinein und kam als Jugendlicher wieder heraus. Sehr schön hat dies Lucas Cranach der Ältere auf seinem Bild von 1546 festgehalten. Das Bild stellt ein geheimnisvolles Bad dar, auf dem von der einen Seite ältere Frauen ins Wasser steigen, das sie auf der anderen Seite verjüngt verlassen. Der Gedanke einer Wiedergeburt

Die Jüngisbrunnen im Gental. Engstlenalp, Berner Oberland.

kommt darin zum Ausdruck. Ausserdem steht sowohl hinter dem Kinder- wie dem Jungbrunnen die Vorstellung, dass sie den lebenschöpfenden Erdschoss einer Landschaftsahnin verkörpern. Im Wallis oberhalb von St. Niklaus war früher ein Brunnen des wilden Jungbachs als Queckbrunnen bekannt. Ebenso nennt man im Berner Oberland auf der Engstlenalp die Bäche aus der Gadmenfluh die Jüngisbrunnen. Eine weitere Bezeichnung ist Achtelsaasbäche.

Gaben an die Quelle

Die Gabe an die Quelle ist wohl so alt wie die Menschheit selbst. Der allgemeine Gedanke dabei war, dass das «Opfer» durch das Wasser direkt in die Unterwelt gelangt – ins Jenseitsparadies der Verstorbenen und der Grossen Ahnfrau. Nebst den Quellen waren Seemündungen als Opferstätten beliebt, oder Wasserorte, wo zwei Flüsse zusammenkommen. Geschätzt wurden auch Höhlen mit Quellen und Tropfsteinen, deren milchiges Wasser für Heilzwecke eingenommen wurde. Immer wieder hören wir von Gaben an die Flüsse. Das Opfer gilt dabei dem «Geist des Flusses». Ist die Quelle der Schoss der Landschaft, so ist der Fluss deren Lebensader. Das Flusswasser wird in der animistischen Tradition mit dem Blut einer Ahnfrau verglichen. Entsprechend ist die Erde ihr Fleisch und die Steine sind ihre Knochen. Allgemein wird das Fliessen mit einer (Drachen)-Schlange verglichen. Doch ob in Tiergestalt oder als Ader: ursprünglich sind die Flüsse ein Aspekt der Landschaftsgöttin. Die Gaben sind entweder für sie bestimmt oder für die Ahnenwesen, die bei ihr weilen.

Sehr alt sind Bräuche, bei denen Menschen in den Fluten umkommen. In Rom gingen Greise in den Tiber und erlangten so ihre freiwillige Hingabe. Sie repräsentierten das alte Jahr (den Winter), das jetzt vorbei war. Oder sie wünschten, durch eine Jenseitsreise in die Unterwelt verjüngt wiedergeboren zu werden. Die Römer haben diesen Brauch wahrscheinlich von den Etruskern übernommen. Jedoch sehen wir einen kleinen Unterschied. Der Tiber erhielt die Greise, indem man sie von der Brücke hinabstürzte. Später opferten die Römer nur noch Früchte und Binsenpuppen, welche die Greise darstellten. Jährlich wurden am 15. Mai vierundzwanzig Binsenmänner von den Priesterinnen (Vestalinnen) in den Fluss geworfen. Andere schreiben, es seien dreissig menschenährlich gekleidete Statuen gewesen, die Priester in den Fluss zu werfen pflegten.

Auch die Sagen berichten von Gewässern, die jährlich einen Menschen fordern. Wohl bekannt ist der Spruch: «Der See will sein Opfer haben.» Dahinter steckt eine gewisse Gegenseitigkeit. Die Gewässer haben den Menschen Nahrung gegeben. Dank der Fruchtbarkeit der Landschaft können die Leute überleben. Nun sind die Menschen ebenfalls bereit, eine Gabe zu geben, um die Wechselbeziehung aufrecht zu halten. In Deutschland fordert die Saale ihre Gabe an Walpurgis (1. Mai) sowie am Johannistag (24. Juni), also zur Zeit der Sommersonnenwende.

Gaben auf dem Stein- und Wasseraltar von Dreibrunnen bei Wil, Kanton St. Gallen. Die lokalen Teiche und Quellen gelten als Orte der Kinderherkunft.

An diesen Tagen meidet das Volk den Fluss. Gleiches erzählt man von der Elbe, Unstrut und Elster. In der Unstrut wohnt die Unstrutnixe: eine wunderschöne Frau mit wasserhellen Augen und langen Haaren, die ihr bis zu den Fersen reichen. Wenn sie am Ufer entlang schreitet, rauscht ihr seidenes Kleid, und man hört das Plätschern der Wellen darin. Wer zu ihr freundlich ist, dem ist sie wohlgesonnen, jedoch üble Menschen holt sie in ihr nasses Reich – vor allem vor dem Johannistag, also der Mittsommernacht. Kinder wiederum sollten das ganze Jahr am Ufer auf der Hut sein. Andererseits ist die Nixe auch Schöpferin des Lebens. Einst weinte eine Frau bitterlich an den Ufern der Unstrut und beklagte den Tod ihres Kindes, das unglücklicherweise in den Fluss gefallen und ertrunken war. Da tauchte die Nixe auf und übergab der Mutter das tote Kind. Zudem überreichte sie ihr eine goldene Schale mit Perlen und flüsterte: «Nimm diese, es sind deine Tränen, die ich auffing.» Darauf verschwand die Nixe in der Tiefe.

Die Donau verlangt ebenfalls jedes Jahr einen Ertrinkenden. Wenn dies noch aussteht, eilen die Schiffer einem Verunglückten nicht zu Hilfe.

Sie sagen: «Die Donau will ihren Jodel haben!» Verschiedene Flüsse rufen sogar laut nach der Person und nennen diese beim Namen. Sie wüten und toben, wenn ihrem Verlangen nicht rechtzeitig nachgekommen wird. Sobald an der Bode in Sachsen-Anhalt das Wasserhuhn pfeift, muss jemand ertrinken. Die Müller werfen dann sogleich ein schwarzes Huhn in den Strom; als Ersatz für einen Menschen. Die Flüsse und Seen handeln somit wie Personen. Sie rufen, toben und verlangen ihren Teil. Sie sind aktive Wesen, ganz im Sinn des animistischen Weltbildes.

In der Schweiz verlangen der Rhein, der Vierwaldstättersee, der Walensee und der Bodensee jährlich ein Menschenleben. In Graubünden sagt man von der Nolla bei Thusis, dass niemand, der hineinfällt, ohne fremde Hilfe herauskommen kann. Der Verunglückte werde schwer wie Blei und das Wasser halte ihn fest. Vom Rhein behaupten sogar einige Sagen, er müsse jährlich drei Menschen haben. Vom Walensee

Der Walensee als Zugang in die Unterwelt.

erzählt man, dass ein Fischer einmal einen dem Tod Geweihten durch Zauberkünste rettete. Der See rächte sich, indem er wenige Tage darauf beide verschlang. Bei all diesen «Opfern» darf man indes nicht vergessen, dass sie Reste einer alten Wiedergeburtsmythologie sind.

In der Volkstradition wurde das Tieropfer noch lange gepflegt. Dem Meer gab man auf der Insel Korsika Ziegen, in Algerien den Quellen Hühner und Schafe. In Norwegen erhielt der Wassergeist Fossegrimm an einem Wasserfall ein schwarzes Lamm. In Wales gingen Kranke zur geweihten Quelle der heiligen Thekla, um gesund zu werden. Die Männer brachten einen Hahn, die Frauen eine Henne dar. Eine Schweizer Sage behauptet, beim Rheinfall in Schaffhausen hätte man in den Ritzen der Felsen Pferdeknochen und Hufeisen entdeckt. In La Tène, einer keltischen Kultstätte am Neuenburgersee, fand man tatsächlich im Mündungsgebiet Pferdeschädel, die auf ein Ritual hinweisen. Bei ihnen lagen unzählige Schwerter, Broschen und einzelne Knochen von Verstorbenen.

Sehr beliebt ist an vielen Orten die Münzgabe, die gerne mit einem Wunsch verbunden wird. Einer der berühmtesten Brunnen steht in Rom, der Trevi-Brunnen. Er zieht jährlich Tausende von Touristen an. Der Volksglaube besagt, dass es Glück bringe, eine Münze mit der linken Hand über die rechte Schulter in den Brunnen zu werfen. Für die Römer selbst galt der Brauch, einen Schluck daraus zu trinken, dann werde man wieder nach Hause in die Heimatstadt zurückkehren. Besonders beliebt waren heisse Quellen. In Baden (Schweiz) entdeckte man 1420 unter dem heissen Stein der grossen Quelle römische Münzen. Ähnliche Funde sind in Leukerbad gemacht worden. Mehr als 300 römische Münzen kamen 1846 in Biel in der sogenannten Römerquelle zum Vorschein. Diese Quelle versorgte einst die ganze Stadt mit hervorragendem Trinkwasser. Die Gabe galt dem Ortsgeist von Biel, der Wassergöttin Belena, die schon in keltischer Zeit verehrt wurde. Erstaunlicherweise fand man auch auf dem Stockhorn in den Stockenseen römische Münzen. Und sogar im Walliser See von Champé, einem berüchtigten Versammlungsort der «Hexen».

Eine eigentliche Blumengabe finden wir im Aargau und in Schaffhausen. Hier sollen die Kinder, wenn sie Blumensträusse in den Rhein werfen, folgendes rufen: «Gigampf, Wasserstampf!» Ist damit der Fluss

Münzen in der Odilienquelle. Odilienberg bei Strassburg, Elsass.

als Person gemeint? An der Ostsee pflegten die Frauen den Brauch, bei ihrem letzten Bad dem Meer eine Dankesgabe zu bringen. In Swinemünde warfen sie einen Kranz in die Wellen. Nehmen diese ihn mit in die See, so sei es ein gutes Zeichen für die Bäder. In Ostpreussen waren die Gaben Blumen, Kränze und kleine Münzen. Die badenden Frauen glaubten, manchmal eine weisse Frau in der See zu sehen, die zum Land hin winkte. Dies tue sie deshalb, weil alljährlich eine der Badenden in den Wellen umkomme, damit die anderen genesen könnten.

Weit verbreitet sind die Speisegaben für die Quellen, Brunnen und Flüsse. Sie gelten einerseits den Wassergottheiten, andererseits den verstorbenen Ahnen, um sie auch in ihrem unsichtbaren Dasein am Leben zu erhalten. Ebenso wollte man damit erreichen, dass sie den Menschen wohlgesinnt sind. In der Nähe von Göttingen warfen die Kinder an

Gaben an die Quelle

Pfingsten Kuchen und Zwieback in den Reinhardsbrunnen. Die Mütter sagten den Kleinen, dies sei für die ungeborenen Kinder, die im Brunnen sässen. Flüsse wie der Neckar erhielten Brot und Früchte. Im Salzburger Land wurde am Weihnachtsabend die ganze Natur gespeist: in die Luft streute man Mehl, in die Erde vergrub man Mahlzeiten und in das Feuer und Wasser warf man ebenfalls Essbares. In Mähren war es am Weihnachtsabend – also an Mittwinter – Brauch, von jeder Speise einen Löffel voll auf einen speziellen Teller zu legen und nach dem Essen alles in den Hausbrunnen zu schütten. Dazu sprach man: «Der Hausvater grüsst dich... Brünnlein, geniess mit uns das Festmahl, aber dafür gib uns Wasser in Fülle. Wenn im Land Durst herrschen wird, dann treib ihn mit deiner Quelle aus!» Derselbe Hausbrunnen war auch Orakel: «Brünnlein, Brünnlein, ich bringe dir das Abendmahl, sage mir die Wahrheit, was geschehen werde.» Im Brunnen können nur die Ahnen der Familie sein. In diesem Sinn hatte früher jede Sippe ihren Hausbrunnen, einen Ahnenstein oder einen Sippenbaum auf ihrem Grundstück. In der Schweiz war die Brot- und Käsegabe üblich. Wir finden sie vor allem noch bei Kultsteinen. Aber auch auf dem Friedhof wurde an Allerseelen mit den Verstorbenen gegessen, wobei diese ihren Teil an Brot und Käse bekamen.

Stoffe und Heilkraft

In ganz Europa ist der Brauch bekannt, bei Quellen Kleidungsstücke oder Stoffe anzubringen. Vielfach ist damit ein Wunsch verbunden, der vom persönlichen Stoffkleid zur Quelle getragen werden soll. Dabei spielt die Identität von Kleid und Person eine grosse Rolle. Man hat gleichsam ein Stück von sich selbst gegeben. Die Quelle und der Baum treten mit dem Menschen in eine Wechselbeziehung. Es wird nun auch verständlich, warum die Stoffe mit Heilung zusammenhängen. Mit dem Kleidungsstück überlässt die Person ihren kranken Teil einem göttlichen Ort in der Hoffnung, ein besseres Los zu erlangen. Denn nur ein Ort der Lebenskraft – Quelle, Baum, Ahnenstein – ist in der Lage, ein neues Leben zu schenken. Entsprechend sind Stätten der Kinderherkunft oft Plätze des Todes, der Wandlung und der Wiedergeburt. Hinter dem üblichen Dank- und Bittopfer steckt also mehr als eine Gabe. Das sehen wir schon beim Tabu, das mit den Stoffen einhergeht. Wer nämlich die Kleidungsstücke, die bei heiligen Quellen an den nächsten Bäumen aufgehängt sind, entfernt, wird von der Krankheit des Opfernden befallen.

Bei der Ortschaft Malew auf der Insel Man in der Irischen See liegt die Quelle «Chibber Undin» (Foundation Well). Von ihr haben wir einen ausführlichen Bericht des Rituals: Die Kranken nahmen einen Mund voll Wasser aus der Quelle und behielten es, bis sie zweimal mit dem Lauf der Sonne um die Quelle gegangen waren. Dann nahmen sie einen Fetzen von ihrem Gewand, tauchten ihn in die Quelle – oder benetzten ihn mit dem Mundwasser – und hängten ihn auf einem nahen Strauch auf. Danach wurden Nadeln, Knöpfe, Kügelchen und Kiesel in das Wasser geworfen, wobei man die Krankheit nannte, von der man befreit werden wollte. Sobald der Lappen verfault war, verging auch die Krankheit. Entfernte jemand einen solchen Lappen vom Strauch, bekam er die Krankheit des Heilsuchenden.

In Böhmen kennt man eine Quelle Keltna bei Auhoniz. Dorthin kommen viele Kranke. Sie waschen ihre üblen Glieder mit Leinenlappen, die sie in die Quelle tauchen, und legen sie dann in der Nähe auf einen Felsblock. Darauf bleiben die Lappen liegen. Beim Weggehen dürfen die Kranken nicht rückwärts schauen. In England kennt man in Benton bei Newcastle-upon-Tyne die Rag-Well «Lumpen-Quelle». Die sie umgebenden Büsche sind ganz mit Lappen bedeckt. In Cornwall liegt die Madron-Quelle an der Landstrasse von Penzance nach Morvah. Hier

Stoffgabe am Wunschbaum auf dem Weg zur Madronquelle bei Penzance, Cornwall.

finden wir die Ruinen einer alten Taufkapelle direkt bei der heiligen Quelle, deren Name «Madron» auf eine Quell- und Erdgöttin hinweist – obwohl am Ort ein Heiliger namens Madron gelebt haben soll. Auf dem Weg zur Wunschquelle kommt man zum Wunschbaum. An seinen Ästen flattern unzählige Bänder. Zu diesem Quellort schreibt John Michell: «Über einen Fussweg von knapp einem Kilometer, an einem schönen alten Steinkreuz vorbei, wo gelegentlich Opfergaben stehen, gelangt man in den Wald und zu einer der ältesten Stätten aus den Tagen der Heiligen. Die Kapelle und das Baptisterium sind noch erhalten, haben allerdings kein Dach mehr. Mitten hindurch fliesst das Wasser aus dem Brunnen, der im Bürgerkrieg von fanatisierten Puritanern zerschlagen und seitdem nicht wieder aufgebaut wurde. Dem Quellwasser sagt man immer noch Heilkräfte nach und die Eigenschaft, durch es die Zukunft deuten zu können. Kranke Kinder tauchte man hier an den ersten drei

Das heilige Wasser der Madronquelle in Cornwall.

Sonntagen im Mai ins Wasser, weil die Wunderkräfte der kornischen Brunnen in dieser Zeit am stärksten wirkten. Im 19. Jahrhundert hielten die Wesleyaner hier Gottesdienste ab, und im Anschluss konnten die Gläubigen den Brunnengeist befragen, während sie Nadeln ins Wasser warfen. Der heilige Brunnen war ein beliebter Ort für Taufen. Wer durch den Brunnen geheilt wurde, liess zum Dank eine Gabe zurück, meist ein an einen Busch geknotetes Tuch. Dieser Brauch wird immer noch praktiziert, und wie viele Menschen heutzutage den Brunnen heimlich aufsuchen, kann man an den Stoffstückchen ringsum in den Büschen abzählen.»

In Deutschland stand ein Lappenbrunnen in Plünnekenborn bei Braunschweig. Von ihm heisst es, er sei nur denen heilsam, die etwas an die Sträucher hängen. In Basel soll auf dem Fischmarkt ein Lumpenbrunnen gewesen sein, ebenso in Sierenz. Ein Huddlerbrunnen floss auch in Ürzlikon im Kanton Zürich. Hudeln oder Butzen sind in der Schweizer Mundart Lumpen und Lappen. Entsprechend kannte man in Flaach bei Bülach ein Butzenbrünneli und in Knonau eine Butzmattquelle. Zwischen Pierre Pertuis im Berner Jura und der Birsquelle liegt die Fontaine de chiffel «Quelle des Lappens».

Bemerkenswert sind die Bräuche bei der Quelle St. Arnoult in Frankreich (Oise). Nach einem Gebet schöpfen die Kranken in einem Tongefäss Wasser. Sie entfernen sich etwas von der Quelle und drehen ihr den Rücken zu. Hierauf tauchen sie die Fingerspitzen in das Wasser, berühren damit Auge, Lippe und Ohr und trinken schliesslich. Zuletzt werfen sie das Gefäss rückwärts in die Quelle. Fällt dieses ins Wasser, ohne den Rand zu berühren, werden die Kranken bald geheilt. Andernfalls und vor allem, wenn das Gefäss zerbricht, kann man kaum Hoffnung haben. Eine Orakelprobe besteht auch bei der St. Oswald-Quelle in England zwischen Alton und Newton. Dort wirft man das Hemd des Kranken in das Wasser. Wenn es oben schwimmt, darf man auf Heilung hoffen.

Sehr verbreitet ist der Glaube, dass das Quellwasser Augenleiden heilt. Dies gilt besonders für Brunnen der Odilie, die gemäss verschiedener Legenden eine Augenheilige ist. Ihre Verehrungsorte sind unter anderem die Felsenquelle am Odilienberg im Elsass, die Heilquelle St. Ottilien bei Freiburg im Breisgau sowie die Eremitage in Arlesheim bei Basel. Am Ammersee in Bayern liegt der Ort Diessen. Hier entspringt an der Nordseite des Schatzberges die Mechtildquelle. Die Heilige soll hier des öfteren Rast gemacht haben, daher die Heilkraft des Wassers. Jedoch steht auch hinter der Mechtild wie bei der hl. Odilie eine vorchristliche Quellgöttin. Man sagt, dass das Schatzberger Quell-

Stoffe und Heilkraft

Das Wasser der Schalensteine hilft bei Augenleiden. Kierlingstein in Niederösterreich.

wasser bei Augenleiden helfe – vor allem wenn die Auswaschung in den Morgenstunden geschehe und die Sonne auf die Quelle scheine. Ein Kleinod im Schwarzwald ist das Quellheiligtum, das sich bei der Neungeschwisterkapelle nördlich von Freiburg befindet. Sie liegt an einem Hang nahe bei Waldkirch in Richtung Eschbach. Die Heilquelle fliesst in der Kapelle direkt neben dem Altar und wird besonders bei Augenleiden aufgesucht. Doch eigentlich ist es eine Stätte der Kinderherkunft. Die ehemalige Landschaftsahnin wurde hier nicht wie üblich mit Maria überdeckt, sondern mit einer eigenartigen Frauendreiheit: Im Altarbild sehen wir die hl. Felicitas, die hl. Symphorosa und die makkabäische Mutter. Jede soll genau sieben Söhne geboren haben. Dieser Hinweis und die Dreiheit verdeutlichen, dass es sich um einen Kinderborn und einen Kultplatz der drei Mütter (Matronen, Bethen) handelt. Dazu nicht genug, ist die Kapelle der Korngöttin Notburga geweiht, die hier neun Kinder geboren haben soll! Offenkundiger kann ein alter Quellgöttinnenplatz nicht mehr beschrieben sein, dazu noch so unbekümmert verschleiert.

Regenmachen

Zu den interessantesten Ritualen des Wasserkultes gehört das Regenmachen. Diese Praktik wird oft mit der Zauberei verwechselt, was jedoch nicht zutrifft. Regenmachen ist eine Kunst, verbunden mit magischem Wissen über die Natur. Man glaubte an die Allverbundenheit der Welt. In dieser Weltsicht bewirkte man Gleiches durch Gleiches. Das Aufwirbeln von Wasser sollte Regen verursachen, und das Schlagen von Gewässern Stürme herbeiführen. Ein anderes Mittel war, die «Regengeister» zu wecken. So warf man Steine in den Mummelsee im Schwarzwald, um ein Gewitter entstehen zu lassen. Im See wohnten die Nymphen und der Wassermann, die durch die Steine erwachen sollten. Auch der seltsame Pilatus im ehemaligen Pilatussee war ein Wassergeist. Der See durfte nicht gestört und vor allem keine Steine hineingeworfen werden. Sonst entstünden schauerliche Gewitter. Auch dieses Gewässer war also einmal ein magischer Ort des Regenmachens, indem man die «Geister» des Sees weckte. Im Berner Oberland wirft das Engstlenfräulein Steine in den Engstlensee und ruft so Unwetter hervor. Sie ist nicht nur eine Alpenfee, sondern war einst eine Berg- und Quellgöttin.

Die berühmteste Regenquelle Europas befindet sich in der Bretagne, etwa 40 Kilometer westlich von Rennes bei Paimpont (Ille-et-Vilaine). Im sagenumwobenen Wald Brocéliande (Breziliande) entdecken wir die Quelle von Barenton und einen Jungbrunnen. Der Regen wird dadurch hervorgerufen, dass man aus dem Brunnen Wasser schöpft und es auf die Brunnensteine giesst. Diese Steine werden auch als Altar beschrieben. Das Ritual wird in Wales bestätigt. Dort befindet sich im See Dulenn ein Stein, genannt der rote Altar, der bespritzt wird, um Wetter zu machen. In der Bretagne wurden noch lange Prozessionen zur Regenquelle durchgeführt. Der Amtmann der Gemeinde pflegte dabei seinen Fuss kreuzweise in das Wasser zu tauchen. Noch ehe der Prozessionszug heimgekehrt war, soll es jeweils geregnet haben. Sehr spannend sind die Bräuche bei der Quelle des heiligen Lizier auf der spanisch-französischen Grenze bei St. Girons. Bei Dürre ruft auf spanischer Seite der Amtmann die Gemeinde zusammen und lässt einen Abgeordneten wählen. Dieser eilt zur Quelle, füllt stillschweigend sein Gefäss, geht heimlich zur Grenze, kniet dort nieder, küsst den Boden Spaniens und hierauf Frankreichs und giesst das Wasser zur Hälfte auf jede der beiden Seiten – auf spanischer Seite stark tröpfelnd wie bei einem Platzregen. Folgt der Zeremonie kein

Der Engstlensee im Berner Oberland war ein zauberhafter Ort der Alpenfee, die in einem Ritual Regen bewirken konnte.

Regen, so wird die Ausgiessung durch einen anderen Mann wiederholt. Nötigenfalls veranstaltet man einen Umzug mit der Muttergottes von Tirbes.

An die Stelle eines Wettergottes trat der heilige Urban, Patron des Weinstockes. Er wurde in Basel noch im 18. Jahrhundert verehrt. Am Urbanstag, dem 25. Mai, führte man jeweils seine Statue in einem feierlichen Umzug durch die Stadt. Wenn es dabei regnete, wurde er in einen Brunnen geworfen. Noch im Mittelalter oblag das Regenmachen den weisen Frauen (Hexen). So kennen wir im Schwarzhorngebiet in der Jungfrauregion einen Hexentanzplatz. Unmittelbar bei diesem befindet sich der Hagel- oder Hexensee. Das Wetter wurde dadurch verursacht,

Regenmachen

indem die weisen Frauen einen Kessel mit siedendem Wasser bereitstellten. Darin gaben sie Schlangen, Kröten und einen Hahn. Unter ständigem Rühren wurden Zaubersprüche beigefügt. Allmählich stiegen Dämpfe zum Himmel empor, die zu Gewitterwolken wurden. Ist dieses «Rezept» nun reine Phantasie? Interessanterweise weiss man heute, dass Bakterien und winzige Organismen massgeblich zur Bildung von Schnee und Regen beitragen. Die weisen Frauen waren somit nicht nur medial begabt im «Hexenflug», sondern auch praxisnahe Meteorologinnen.

Eine Sage aus Graubünden beschreibt, wie ein Mädchen Hagel hervorzaubern kann. Das Geschehen spielt im Roveredotal auf der Alp Lanés. Dort wohnte einst ein Bauer mit Frau und Tochter. Diese sagte eines Tages, sie wisse, dass der Platz an der Quelle gut sei, um Hagel zu machen. Erstaunt fragte der Vater: «Wie kannst du denn Hagel machen?» Die Tochter nahm einen Haselstock und fing an, damit auf

Die Wetterhexe auf dem Bürgenstock konnte Wetter und Regen machen.

Regenmachen

das Wasser zu schlagen. Und jeder Wassertropfen, der herausspritzte, war ein schönes Hagelkorn. Blitzartig war ein grosser Haufen am Boden. Dann rief das Mädchen eine Wolke herbei, die den Hagel wegtrug und auf den Garten niederprasseln liess.

In Griechenland, in Bulgarien und in Serbien kennt man das Regenmädchen Dodola bzw. Pyrperuna. Bei grosser Trockenheit im Frühling oder Sommer versammeln sich die Mädchen und wählen eine unter ihnen zur Dodola. Diese wird nackt ausgezogen und mit grünem Laubwerk zugedeckt. Dann zieht die Schar singend und tanzend von Haus zu Haus. Die Dodola tanzt ebenfalls und wird im Hof jeweils von der Hausmutter mit Wasser übergossen. Oft bilden dabei die Mädchen einen Kreis, in dem die Dodola alleine fortwährend tanzt. Gesungen wird dabei zum Beispiel folgende Strophe:

> Zu Gott Doth ruft unsere Doda, oy dodo oy dodo le!
> Dass taufrischer Regen fallen möge, oy dodo oy dodo le!
> Und durchnässt all die Erdarbeiter, oy dodo oy dodo le!
> Die Arbeiter gross und klein, oy dodo oy dodo le!
> Auch jene im Haus und Stall, oy dodo oy dodo le!

Am Schluss des Umzuges wird die Dodola an manchen Orten in den Brunnen oder Fluss geworfen. Sie gleicht einer Schamanin, die mittels einer Jenseitsreise zu den Gottheiten gelangt, um Regen zu erwirken. In Dalmatien gibt es diesen Brauch ebenfalls. Er wird dort von Knaben ausgeführt – ähnlich wie beim Maibär von Bad Ragaz. Zweifellos war diese Regenzeremonie einmal ein erotischer Umzug mit einer Maikönigin und einem Maibräutigam, die von Hof zu Hof zogen und benässt wurden. Schliesslich feierten sie im Grünen die Heilige Hochzeit, die auch als Regenmachen bezeichnet wird. Dadurch soll die ganze Natur erblühen und Früchte tragen. Dass die Zeremonie einen göttlich-schamanischen Charakter aufweist, zeigt auch der Name Pyrperuna oder Peperuda des Mädchens. In Bulgarien bedeutet das Wort *peperuda* «Schmetterling». Der Name *Dodola* wird allgemein als «Donner» interpretiert. Allerdings gibt es im Slawischen ein Wort *doit* «Milch geben». Hinter dem im Lied erwähnten «Gott Doth» steht somit eine Himmels- und Regengöttin, die ihre Milch als Regen auf die Erde fallen lässt.

Tänze und Lichter

Es war allgemein Brauch, bei Quellen, Steinen und Bäumen Lichter anzuzünden. Wir wissen von dieser Tradition vor allem darum, weil kirchliche Verbote sie als «Unsitte» verdammten. In Frankreich kennt man mehrere heilbringende Quellen, die durch Fackeln und Lichter beleuchtet werden. Selbst an den Quellen des Nil soll dies geschehen sein. Und in Indien lässt man im Ganges tausende Lämpchen hinabschwimmen. In der Schweiz pflegte man bis ins 16. Jahrhundert abends in Wäldern und bei Quellen zu tanzen, die dann beleuchtet waren. In Baden gingen kinderlose Frauen ins Verenabad zum «Verenenloch». Dabei umsteckten sie je nach Vermögen die Statue der Heiligen mit zahlreichen Lichtchen. In Winterthur stand am Fasnachtssonntag der Stadtbach im Mittelpunkt einer Zeremonie. Die Kinder setzten mit bunten Lichtern besteckte Schifflein in das Wasser und liessen sie in die Stadt schwimmen. Ähn-

Jakobsquelle auf dem Kronberg zwischen Urnäsch und Gonten im Appenzell.
Am 25. Juli vergnügte man sich hier jeweils mit Tanz und Spiel.

liches wird auch von Ermensee im Luzerner Seetal berichtet. In Glarus finden wir den Brauch am Tag des heiligen Fridolin (6. März), der als Wetterheiliger gilt. Die Bäche sind im März eisfrei, und man pflegte die Lichtchen den Wellen zu übergeben. Die Kinder teerten und bewimpelten kleine Schiffchen, bestückt mit brennenden Kerzen. In der Nacht liessen sie diese in Brunnen, Quellen und Bächen abwärts schwimmen. Wahrscheinlich handelt es sich um einen jahreszeitlichen Brauch. Denn so wie das Licht im (Vor)-Frühling immer heller und aus dem Dunkeln der Nacht geboren wird, so beginnen nun auch die Quellen aus der Unterwelt zu fliessen.

Sehr beliebt war, bei Quellen zu tanzen. Im Appenzell kamen Frauen und Männer am Jakobstag (25. Juli) auf dem Kronberg zusammen. Nach der Messe vergnügte man sich beim Jakobsbrunnen mit Tanz und Spiel. Ein solches Fest wurde auch auf der Rigi beim Dreischwesternbrunnen veranstaltet. Die Bergbewohner strömten am Michaelstag (29. September) zusammen, bauten leichte Hütten und brachten Lebensmittel. Man tanzte, sang und spielte drei Tage nacheinander. Der hl. Michael ist der Patron der Felsenkapelle beim Dreischwesternbrunnen. Im Puschlav in Selva wurde der sogenannte Maienbrei, ein altes Kinderfest, im Frühling gefeiert. Die Kinder zogen auf die Höhe der Ortschaft, wo zuerst in der kleinen Kapelle Messe gehalten wurde. Dann stiegen sie talwärts zum Sauerbrunnen hinab, an dem der Brei bereitet und gegessen wurde. Darauf folgte Gesang, Spiel und Tanz, an dem auch die Erwachsenen teilnahmen.

Nebst diesen Tänzen gab es auch noch die alten, verborgenen Tanzplätze. So stellte man im Odenwald (Deutschland) fest, dass Hexentanzplätze häufig bei Brunnen und Bächen vorkommen. In der Schweiz sind zum Beispiel folgende Orte bekannt: der Hexentanzplatz bei der Brücke über die Broye in Ecublens, Kanton Freiburg. In Villarepos bei Murten die Grenze im Gehölz am Bach von Chandon. In Montagne de Diesse am Bielersee die Plätze «à la fontaine de souffre à la Prais vers la fontaine Geson» und «à la fontenaille de vers bise» in Lamboing. Und in Prêles bei Twann die Quelle von Chênau «Eichwald». Ganz in der Nähe befindet sich die Petersinsel im Bielersee. Dort hält der Grüne Herr am westlichen Ende des Eichwald-Plateaus seine Feste. Ein Hexentanzplatz war bei einer alten Eiche des Herdwaldes zu Leuggern am Solenbächlein im

Reigentanzende Feen. Oft liegen Tanzplätze bei Quellen und Bächen.

Kanton Aargau. Ein weiterer in Freiburg an der Saane auf der Untermatt, in Bellaluna an der Albula im Kanton Graubünden sowie beim Isenbrunnen und Comlenbach in Sursee. Schon erwähnt haben wir den See von Champé im Wallis oder den Hagel- und Hexensee am Schwarzhorn im Berner Oberland. Einen Hexentanzplatz erwähnt Runge auch im Jura bei der Quellen-Grotte der Colombe.

Brücke und Gericht

Wie wir gesehen haben, war die Quelle heilig und rein. Dort, wo das Wasser unmittelbar aus der Erde quillt, ist es unversehrt und heilkräftig. Die Römer kannten entsprechend die Benennung Aqua Virgo «Wasser der Jungfrau» für die Quelle. Wenn aber vorwiegend der Anfang des Flusses – sein sogenannter Kopf – heilig war, so war es auch der Fluss selbst. Folgerichtig war das Überschreiten eines Flusses eine sakrale Handlung. Und auch die Brücke war etwas Heiliges. Sie musste rücksichtsvoll gebaut werden, um dem Strom keine Gewalt anzutun. Jeder Versuch, den Gewässern Zwang aufzuerlegen, war frevelhaft. Die Brücke als sakraler Ort begegnet uns immer wieder im Wasserkult. Wir erinnern an die Brücke über den Tiber in Rom, von wo aus Greise darstellende Strohpuppen in den Fluss geworfen wurden. In Rapperswil wird die Winteralte als Strohpuppe von einer Brücke in den Zürichsee versenkt. In Bad Ragaz wirft man den Grünen Mann am Schluss des Maibär-Umzuges von einer Brücke in die Tamina. In Schwaben bestimmte man am Pfingstmontag in Sontheim den Grünen Mann durch das Los. Den sogenannten Wasservogel hüllte man anschliessend in einem Wald in Laub und warf ihn im Dorf von der Brücke über die Zusamm ins Wasser. Im Bündner Medels zwischen Splügen und Nufenen im Rheinwald kannte man die «Mascra de Strom» – eine Figur aus Stroh, welche die Fasnacht symbolisierte. Die Knaben liessen die Strohfigur jeweils von der Brücke an einem Seil hinab und verbrannten sie. Möglicherweise müssen wir hier auch die berühmte Teufelsbrücke über die Reuss in der Urner Schöllenenschlucht erwähnen. Das Tieropfer für den «Teufel» war gemäss der Sage ein Ziegenbock. In Böhmen besteht der Brauch, dass eine Wöchnerin, wenn sie zum ersten Mal über eine Brücke geht, einige Geldstücke ins Wasser wirft, damit der Wassermann ihr nicht das Kind raubt.

Auffallend ist zudem, dass früher die Gerichte nicht nur in Wäldern, auf Auen und Wiesen, bei Steinen oder unter Bäumen gehalten wurden, sondern auch an einem Fluss, bei einem Brunnen oder einer Brücke. In diesem Zusammenhang sind die Legenden der Heiligen von Bedeutung, denn in ihnen werden oft besondere Orte genannt. So wurden zum Beispiel die Zürcher Stadtheiligen Felix, Regula und Exuperantius «an der rechten Richtstatt an der Limmat und bei der Brücke, d.h. da, wo jetzt Helmhaus und Wasserkirche stehen» enthauptet. Die Solothurner Stadtheiligen Ursus und Viktor sollen

Brücke und Gericht

«bei Treibeinskreuz auf einer Brücke über die Aare» gerichtet worden sein.

Gemäss Heinrich Runge war auch der sagenumwobene Gerberbrunnen in Basel, worin der Basilisk hauste, ein Richtbrunnen: «Am Ende der Gerberstrasse in Basel, da wo die Zunftstube der Gerber steht, sprudelte im 15.Jahrhundert der Richtbrunnen, in welchem der fabelhafte Basilisk gehaust haben soll; auf dem Platz breitet ein Baum seine beschattenden Äste aus. Dieser Richtbrunnen war es, bei dem in ältester Zeit die Gerichte gehalten wurden. Die hier über den Birsig führende Brücke hiess die Richtbrücke.» In Klein-Basel stand das Richthaus direkt am Rhein neben der Brücke. In Zürich hielt der Schultheiss das Gericht neben dem Helmhaus vor der Wasserkirche, wo eine Quelle sprudelte. In Luzern richtete man auf der «grossen Stege» vor der unmittelbar am See gelegenen Stiftskirche St.Leodegar. Und die Stadt Chur hielt das Gericht auf dem «Brugglin», das über den Mühlbach von der Reichsgasse zum Predigerkloster führte.

Teufelsbrücke über die Reuss
in der Schöllenenschlucht
im Kanton Uri. Stich von 1780.

Quellen
im Jahreskreis

Die Feste im Jahreskreis orientieren sich an den zyklischen Rhythmen der Natur. Die Jahreszeiten sind das grosse Geschehen der Welt, wonach sich die Menschen richteten. Der Zeit des Regens folgt die Zeit der Trockenheit. Dem kalten Winter folgt die Hitze des Sommers. Dazwischen liegt der Frühling mit seinem Erwachen der Natur. Alles wird zusehends wieder grün und blüht auf. Im Herbst, nach dem Höhepunkt des Sommers, wird die Natur schwächer und ihre Kräfte ziehen sich langsam in die Erde zurück. Die Keime überwintern und schlafen in der Unterwelt, bis das neue Leben im Vorfrühling allmählich wieder hervortritt. Diesen dramatischen Lauf des Jahres beobachteten die Menschen. Sie fügten sich dem natürlichen Lebenskreis ein und feierten die verschiedenen Gesichter der Natur. Die Erscheinungsbilder der Jahreszeiten waren jedoch nicht unpersönlich. Man sah in ihnen die wechselnden Gesichter der einen Grossen Landschaftsahnin, die auch als Erd- und Quellgöttin betrachtet wurde. Sie war die frühlingshafte, mit Blumen bekränzte Maibraut ebenso wie die rote Sommerfrau der Liebe. Zudem die Schnitterin der Ernte, die schwarze Winteralte der Unterwelt sowie weise Schicksalsfrau mit dem Lebensfaden. An ihrer Seite hatte sie oft einen männlichen Partner: den Grünen Mann im Frühling, den Sommerkönig an Johannis und den dürren Winteralten der dunklen Jahreszeit.

Winterende und Frühling

So beginnt das mythische Jahr vielerorts am Ende des Winters oder im Vorfrühling. In Rapperswil am Zürichsee wurde jeweils an der Fasnacht die Winteralte – verkörpert in einer Strohpuppe – von einer Brücke in den See geworfen, damit sie sich wandle und zum Frühlingsmädchen werde. Ihr Begleiter, der Winteralte aus Stroh, wurde am nahen Ufer des Sees feierlich verbrannt. Auch er sollte zu einem Grünen Mann werden. In Zürich warfen die Metzgergesellen an Aschermittwoch den «Bräutigam» und die «Braut» in einen Brunnen. Am Hirsmontag, dem ersten Montag nach Aschermittwoch, liess die Zunft der Schmiedstuben einen Korb in der Stadt herumtragen. Darin steckte ein Mann verborgen, und wenn die Träger zum Brunnen kamen, der in der Nähe des Zunfthauses stand, warfen sie ihn ins Wasser. Am Hirsmontag fand zudem in Zürich der Umzug des Mannes «Chrideglade» und seiner Frau «Else» statt. Beide Puppen wurden am Ende der Feierlichkeiten in den See geworfen. In Klein-Basel führte der Mann «Ueli» am 20. Tag nach Weihnachten einen Löwen an einer Kette durch die Stadt. Sobald beide beim Brunnen vor dem Rebhaus angekommen waren, ergriff der Löwe den Ueli und stürzte ihn in das Wasser. Das Fest hiess «die kalte Kirchweih», und man feierte es oft drei Tage lang. Im süddeutschen Munderkingen an der Donau wurde das Brunnenspringen feierlich begangen. Jedes Jahr an Aschermittwoch musste der jüngste Bürger, d.h. der Mann, der zuletzt geheiratet hatte, in den Brunnen springen. Er trug dabei weisse Hosen und eine rote Weste. Die Bewohner begleiteten ihn vom Rathaus bis an den Marktbrunnen. Bevor er dort hineintauchte, wurde das Wasser umgerührt, so dass es stark wallte. Dann rief der Mann ein Hoch aus und stürzte sich in den Brunnen. Sowie er wieder auftauchte, reichte man ihm eine Stange, damit er wieder herauskommen konnte.

Ein schöner Brauch in Zürich war der Wasserempfang im Frühling. Junge Burschen zimmerten einen Schwan und setzten sich darauf. Vom Zürichsee fuhren sie auf der Limmat bis zum Schützenplatz, begleitet von anderen Jungen, die dem Zug nachschwammen. Die Überbringer des Schwans erhielten von der Stadtregierung einen Trunk. Der weisse Schwan symbolisiert hier den Frühling, und nicht zuletzt die zum Frühlingsmädchen gewordene Winteralte, die vorher in den See geworfen wurde.

An vielen Orten wurde das sogenannte Osterwasser geholt. Man hielt es für besonders heilkräftig, weil man glaubte, im Frühling sei das

Der weisse Schwan beim Zürcher Wasserempfang symbolisiert den Frühling.

Quellwasser noch jung und vital. Dazu hat das Gewässer nach Osten zu fliessen. In Pirna, nicht weit von Dresden, war der Brauch mit der Ilsequelle verbunden: Die Mädchen holten an Ostern im Morgengrauen einen Krug Wasser aus einem Fluss. Sie mussten dies schweigend tun, ohne sich umzuschauen. Wenn die Mädchen sich auf dem Heimweg befanden, versuchten die Jungen, sie zum Sprechen zu bringen. Gelang ihnen das, verlor das Wasser seine Bedeutung als Glück und Schönheit bringendes Osterwasser. Oft besprengten die Frauen mit dem Wasser denjenigen, der ihr Zukünftiger werden sollte. Am zweiten Ostertag besuchten die jungen Leute in Hessen den hohlen Stein am Fuss des Meissners bei Hilgershausen. Am kleinen Teich der Felshöhle legten sie Frühlingsblumen nieder, tranken daraus und nahmen Wasser in Krügen mit nach Hause. In Nyon am Genfersee lebt ein alter Brauch wieder auf. Zur Osterzeit werden die Brunnen mit Blumen, Zweigen, Bändern und farbigen Eiern dekoriert. Ebenso pflegt man das Schmücken der Osterbrunnen im thurgauischen Bischofszell. Hier hat sich diese Tradition zu einer hohen Volkskunst entwickelt.

Junge Frau schöpft Osterwasser, das gesund und schön macht.

Das Schmücken der Brunnen im Frühling symbolisiert die Lebenskraft der Quelle. Osterbrunnen der Maria in Pottenstein, Fränkische Schweiz.

In Böhmen, im Kreis Budweis und Prachin, kannte man im April bzw. zur Osterzeit die Brunnenreinigung. Der Brauch wurde von den Mädchen der Dörfer vorgenommen. Nachdem das Wasser abgelassen wurde, zogen die jungen Frauen am Abend zum Brunnen. Sie räumten mit ihren Händen den Schlamm heraus und ergänzten das Pflaster. Sie hielten es für eine Schande, dem Brunnen diesen Dienst nicht zu leisten. Während ihres Unterfangens sangen sie alte Lieder. Auf dem Rückweg begleiteten die Jungen die Mädchen. Die Quellen Svetica bei Duschnik, Rueka bei Draheliz und Keltna bei Auhoniz wurden ebenfalls von den Mädchen dieser Dörfer gereinigt. Nur Jungfrauen und kein Mann durften bei der Brunnenreinigung zugegen sein. Der Dienst an der Quelle hatte zur Folge, dass selbst in trockenen Jahren immer reichlich Wasser floss. Auch in der Schweiz ist die Brunnenreinigung bekannt. Im Engadin ging der Pfarrer jeden Frühling mit den Frauen zur «Funtauna Merla» (Amselquelle) zwischen Bever und La Punt, um die Quelle am Inn zu reinigen. Dieser Ort, der auch Las Agnas «zu den Erlen» heisst, war ein wichtiges Zentrum im Oberengadin.

Am ersten Pfingsttag zogen die Kinder der hanauischen Stadt Steinau in Deutschland zusammen mit den Eltern auf die Pfingstwiese. Dort sprudelte eine heilkräftige Quelle, Pfingstborn genannt. Jedes Kind hatte ein besonders dazu gefertigtes Tonkrüglein dabei, genannt «Pfingstinsel», woraus es trank. Verständlicher wird der Brauch, wenn wir hören, dass aus dem Pfingstborn die kleinen Kinder geholt wurden. Im bayerischen Taunus wird ein mit Blättern geschmückter junger Bursche – das Laubmännchen oder der Pfingstl – durchs Dorf geführt. Der Grüne Mann wird von Frauen mit Wasser übergossen und am Schluss des Umzuges im Dorfweiher untergetaucht. In der Schweizer Ortschaft Ettingen heissen die belaubten Männer «Pfingstblüttler». Sie wirbeln die Brunnen auf und bespritzen die Schaulustigen mit Wasser – besonders die jungen Frauen. Früher galten diese Spritzer als glücksbringend. Heute ist aus dem Bespritzen ein gegenseitiges Tauchen in den Brunnen geworden. Die Ettinger Grünen Männer erinnern an den Maibär von Bad Ragaz, der am ersten Sonntag im Mai herumgeht. Der Belaubte wird nach dem feierlichen Umzug nicht in den Brunnen geworfen, sondern in den Taminafluss. Nicht weit von Bad Ragaz, im berühmten Bad Pfäfers, war am ersten Mai jeweils grosse Badekur der Umwohner. Der

Walpurgistag (1. Mai) galt in der Volkstradition als ein besonders wirksamer Badetag. Im schottischen Tayside pflegen die jungen Mädchen den Brauch, am Morgen des 1. Mai sich noch vor Sonnenaufgang mit dem Tau zu waschen. Sie sollen dann schön und jung bleiben. Der Morgentau oder die vom Himmel gefallene Mondmilch gilt als das heiligste aller Wasser.

In vielen Regionen betrachtet man den Winter erst dann als beendet, wenn die ausgetrockneten Quellen wieder fliessen. Ihr Erscheinen aus der Unterwelt wird deshalb als Beginn des Frühlings und der sommerlichen Zeit gefeiert. Von dem Tag an, wo der Maibrunnen oberhalb Schwanden im Kanton Glarus neu hervorkommt, rechnet man dort den Anfang des Sommers.

Der Morgentau oder die vom Himmel gefallene Mondmilch gilt als das heiligste aller Wasser.

Sonnenwende und Johannistag

Das Regenmachen an Mittsommer ist oft eine Umschreibung für die Heilige Hochzeit der Sakralkönigin (Maibraut). Bildnis in Baden-Baden, Deutschland.

Einer der heiligsten Tage im Jahreskreis ist die Sommersonnenwende. Diese Zeit wird auch im Wasserkult hoch geschätzt. Obwohl vieles im Kirchenkalender vom 21. Juni auf den Johannistag (24. Juni) verschoben wurde, sind die vorchristlichen Rituale deutlich erkennbar. Ja selbst in der bildlichen Darstellung, in welcher Johannes der Täufer den im Wasser des Jordan stehenden Jesus tauft, verbirgt sich ein alter Quellenkult. Weit verbreitet war die Vorstellung, dass an Johannis das Wasser ganz besondere Kräfte habe. In der Nacht und am frühen Morgen des Johannisfestes badete man in Quellen, Teichen und Flüssen. Ein Bad zu dieser Zeit, heisst es in Schwaben, sei neunmal so stark wie an einem anderen Tag. In Norwegen wurden die heiligen Quellen bevorzugt am Johannisabend besucht, weil sie dann am kräftigsten seien. Vom Bündner Bad Fideris bei Klosters erfahren wir, dass ein Bad in der Johannisnacht die Wirkung einer dreiwöchigen Kur gehabt habe. Und auch vom Bad Cannstatt bei Stuttgart heisst es, dass ein Bad am Johannistag von Mitternacht bis Mitternacht, also 24 Stunden, so wirksam war wie eine Kur von vier Wochen. Im deutschen Fulda wurden die Brunnen jeweils am Johannistag bekränzt. Es wurde dann auch der neue Brunnenherr gewählt. Sein Haus schmückte man mit einem Maien. Darauf sammelte er in der Gemeinde Gaben für einen Trunk. In Treysa (Hessen) wurde die Brunnenfigur, das sogenannte Johannismännchen, bekränzt.

Aus Köln liegt uns ein einmaliger Bericht vor, der die alte Tradition beschreibt. Die Frauen der Stadt gingen jeweils an Mittsommer an das Ufer des Rheins, um Sprüche und Lieder zu singen, wobei sie ihre blossen Arme im Wasser badeten. Um 1330 beschreibt der italienische Humanist Petrarca den Johannisbadbrauch: «Kaum war ich bei meiner Ankunft zu Köln in der Herberge abgestiegen, wo meine Freunde mich empfingen, als sie mich an den Rhein führten, um ein eben an diesem Tag bei Sonnenuntergang aus dem Altertum überkommenes Schauspiel in ihrer Gesellschaft anzusehen. Das ganze Ufer war mit einer langen Reihe von Frauen bedeckt. Ich stieg auf einen Hügel, um eine bessere Aussicht zu gewinnen. Unglaublich war der Zulauf. Ein Teil der Frauen war mit wohlriechenden Kräuterranken geziert. Mit zurückgeschobenem Gewand fingen Frauen und Mädchen plötzlich an, ihre weissen Arme in den Fluss zu tauchen und abzuwaschen. Dabei wechselten sie in ihrer mir unverständlichen Sprache lächelnd einige Sprüche miteinander. Man antwortete mir, dass dies ein uralter Brauch unter der weiblichen Bevölkerung Kölns sei, die in der Meinung lebt, dass alles Elend des ganzen Jahres durch die an diesem Tag bei ihnen gewöhnliche Abwaschung im Fluss weggespült werde und gleich darauf alles nach Wunsch gelinge. Es sei also ein jährliches Reinigungsfest, welches von jeher mit unverbrüchlicher Pünktlichkeit gefeiert werde.»

Ob es sich bei dieser Zeremonie wirklich um ein Reinigungsritual handelt, darf bezweifelt werden. Die ursprünglich wohl badenden Frauen im Rhein konnten entweder eine Kinderseele empfangen oder eine Regenzeremonie durchgeführt haben. Das Regenmachen ist sogar ziemlich wahrscheinlich, denn 200 Jahre vorher im 11. Jahrhundert beschreibt der Bischof Burchard von Worms ein Mädchen-Ritual am Rhein, das der schon erwähnten Dodola-Zeremonie auf dem Balkan gleicht. So wurde jeweils im deutschen Rheinland ein kleines Mädchen bestimmt und nackt ausgezogen. Es wurde aus der Stadt geführt und musste mit dem kleinen Finger ihrer rechten Hand Bilsenkraut ausgraben. Es band das Kraut am kleinen Zehen des rechten Fusses fest. Von anderen

Brunnen im Engadin. Am 24. Juni (San Gian) bespritzen die Jungen von Zuoz die Mädchen mit Wasserpumpen.

Mädchen wurde es darauf langsam zum nächsten Fluss geführt und mit Wasser bespritzt.

Das Regenmachen und das erotische Bespritzen gehören eng zusammen. Das sehen wir auch in einem alträtischen Brauch im Engadin. Früher war der Johannisbrauch im ganzen Tal verbreitet, heute besteht er nur noch in Zuoz. An diesem Tag verfolgen die Jungen nach der Schule die Mädchen mit selbstgebastelten Wasserpumpen und bespritzen sie kräftig mit Brunnenwasser. So manches Mädchen wird auch in den Brunnen getaucht. Hinter dem Kinderspiel steckt nach allgemeiner Auffassung ein alter Vegetationskult, bei dem sich einst die Maikönigin mit dem Grünen Mann an Mittsommer vereinigte. Die als Regenmachen umschriebene Heilige Hochzeit zur höchsten Zeit des Jahres segnet die Landschaft und lässt die Früchte gedeihen.

Sommer, Herbst und Winter

Den Abschluss der Mittsommer-Zeremonien bildet der 4. Juli. Dieser Tag wird in England interessanterweise als alter Mittsommertag «Old Midsummer day» bezeichnet und ist mit einem Brunnenfest verbunden. In Tschechien wird der 4. Juli ähnlich gefeiert, und zwar als «Opfer»-Tag des Wassermanns, der Menschen in die Wogen herabzieht. Die Sommersonnenwende ist eben auch eine Zeit der Wende, wo sich die Jenseitigen der Unterwelt allmählich bemerkbar machen. Wo die Kräfte der Natur am stärksten sind, beginnt schon die Talfahrt in das Reich der Schatten. So lässt es sich erklären, warum die Wassergeister besonders an Mittsommer ihren Tribut fordern. In Köln sagte man, St. Johann will vierzehn Männer haben. Ebenso hiess es an der Rigi und um Luzern, dass St. Johannis drei Opfer fordere. In Gnesen (Polen) wendete man am Johannistag den Tod dreier Menschen ab, indem drei weisse Hähne geopfert wurden. In Noville am Genfersee bildet die Rhone ein grosses Delta an der Mündung in den See. Fluss und Delta sind das Reich des «Inselfräuleins» Fenetta – einer zur Fee gewordenen ehemaligen Wassergöttin. Sie erscheint als kleines, niedliches Geschöpf mit grünen Augen, langem, schilfgrünem Haar und einem feinen Gesicht. Immer trage sie ein faltenreiches Gewand. Eine Waadtländer Sage beschreibt, wie Fenetta den Geliebten eines Mädchens von Noville zu sich in die Fluten holt. Die Nixe vom Grossen Moos zwischen Neuenburger- und Bielersee, nicht weit von der keltischen Kultstätte La Tène entfernt, holt ebenfalls den jungen Geliebten eines Mädchens zu sich in die Unterwelt. Dort lebt dieser fröhlich weiter, bis seine Zeit der Wiedergeburt an Mittwinter und Neujahr gekommen ist. In der keltischen Mythologie bezeichnet man das Jenseitsparadies als Land der ewigen Jugend: Tír na nOg. Vom Hüttensee im Kanton Zürich erzählt man sich folgende Geschichte, in welcher der Liebestod vorkommt:

Der Liebestod im Wasser der schönen Nixe.

📖 **Die Nixe vom Hüttensee** Im Dorf Hütten lebte einmal ein schöner Jüngling. Er war der schönste Knabe weit und breit, und wo er auf der Kirchweih erschien, wünschte ihn jedes Mädchen zum Tänzer und noch viel lieber zum Gatten. Der Jüngling aber achtete der schönsten und reichsten Mädchen nicht. Die Nixe im Hüttensee war ihm im Traum erschienen, und so schön wie sie war keines der Mädchen der Gegend. Sie liebte er, die er doch niemals zu sehen und zu gewinnen hoffte. Als er einmal sein Boot auf dem glatten See hintreiben liess, ergriff er plötzlich eine weisse Rose, die er an seiner Brust trug, und warf sie als Liebespfand in den See. Da teilten sich die Wellen in der Nähe des Bootes, und ein schönes Mädchen im leichten grünlichen Gewand der Nixe stieg empor. Sie öffnete die Arme und rief mit lieblicher Stimme: «Komm hinab zur Braut in die Flut!» Freudig sprang der Jüngling in den See, und die Wellen schlossen sich sanft murmelnd über seinem Haupt. Man sah ihn nie wieder, und nie fand man seinen Leichnam. Der See aber, in den er die weisse Rose geworfen hatte, bedeckte sich fortan jeden Sommer mit weissen Seerosen, die aus dem Garten des Nixenschlosses emporwuchsen.

Des weiteren erinnern wir an die oben erwähnten Zeitbrunnen, die im Mai zu fliessen beginnen und im September versiegen. Man glaubte, dass sich das Wasser nun in die Unterwelt zurückziehe. In Graubünden beschreibt das berühmte Volkslied der geheimnisvollen Margaretha, wie die alträtische Ahnfrau nach dem Sommer aus der Landschaft wegzieht. Sie nimmt dabei die ganze Fruchtbarkeit der Natur mit. Die Kühe geben keine Milch mehr und die Wiesen verdorren. Ebenso vertrocknen die Brunnen:

> Dann kam sie vorbei an einem Bronn
> Und sang: «O Bronn, o kleiner Bronn,
> Wenn ich von dannen gehe,
> So wirst du gewiss vertrocknen!»
> Und vertrocknet ist der Bronn.

Die mythische Margaretha ist nicht einfach ein Gleichnis für den Brunnen oder die Landschaft. Sie ist die Landschaft selbst, so vielfältig wie die Natur, mit der die Ahnfrau identisch ist. Der naturpoetische Kern des Liedes gehört zum ältesten Erbgut der rätischen Mythologie.

Auch im Brienzer- und Thunersee lebte eine schöne Nixe.
Sonnenuntergang an Mittwinter im Berner Oberland.

Am 13. Oktober feierten die Römer das Fest Fontinalia, das auch ein Fest der Quellnymphen war. Man bekränzte dabei die Brunnen und warf Blumen in die Quellen. Ebenso kannten die alten Völker Nordosteuropas im Herbst, vor dem Zufrieren der Flüsse, Opferfeste. Man opferte dem Wasser Gänse und Enten, damit sich diese reichlich vermehrten. Der Spruch dabei war: «Der Mutter gebe ich eine Gans, bringe viel Gänse, wenn ihre Zeit da ist!» Mit der «Mutter» ist die «Mutter Fluss» gemeint. Neben der Flussmutter kannten diese alten Völker auch Wassergeister – eigentlich Verstorbene, die zu weiblichen und männlichen Ahnen wurden. Im Winter vor Weihnachten kommen diese auf die Erde in die Dörfer der Menschen. Sie halten sich dann meistens in den Badestuben auf – genau wie die Feen von Vallorbe im Jura, die sich in der Dorfschmiede wärmten. Das weibliche Wasserwesen sei nackt und langhaarig. Es sitze gerne am Ufer und kämme sich die nassen Locken.

Schon erwähnt haben wir den Weihnachtsbrauch im Salzburgischen, bei dem die ganze Natur und auch das Wasser mit Mehl genährt wird. Ebenso bekam in Mähren am Weihnachtsabend der Hausbrunnen zu essen. Der Spruch dabei war: «Brünnlein, geniess mit uns das Festmahl, aber dafür gib uns Wasser in Fülle. Wenn im Land Durst herrschen wird, dann treib ihn mit deiner Quelle aus!» Es handelt sich um die Ahnen-Quelle der Sippe, wo die Verstorbenen weilen. Ein alter Brauch war zudem, die Quellen am Weihnachtsabend mit Lichtern zu schmücken. So den Heilebrunnen in Oberbronn im Elsass.

Sommer, Herbst und Winter

Quellen
im Lebenslauf

Empfängnis, Geburt und Taufe

Quellen und Wasser begleiten die Menschen von der Geburt bis zu ihrem Tod. Schon das werdende Leben befindet sich im Fruchtwasser und wird aus der Quelle des Lebens, dem weiblichen Schoss, nackt, nass und blutig geboren. Danach erhält das Kind die Milch der Mutter. Oft wird diese in der Naturpoesie mit dem weissen Fluss der Landschaft verglichen. So bedeutet zum Beispiel der irische Flussname Boyne «weisse Kuh» – eine Umschreibung für die nährende Landschaftsgöttin. Die Römer pflegten den Brauch, das Neugeborene am 8. oder 9. Tag nach der Geburt in einer schönen Wanne, im sogenannten Baptisterium, zu waschen und ihm einen Namen zu geben. Viele Völker glauben, dass das Wasser am Ursprung reiner und heiliger ist. Deshalb ging man zu Quellen und Sodbrunnen, um Taufwasser zu holen. Möglicherweise wurde das Kind sogar an der Quelle getauft, denn unser Wort «taufen» bedeutet ursprünglich «eintauchen». Überall in Europa war dies ein vorchristlicher Brauch. In Estland kamen an die Wiege und zur Taufe die mythischen drei Schicksalsfrauen und gaben dem Kind seinen Namen.

Bevor das Kind jedoch getauft werden konnte, musste es empfangen werden. Die unzähligen Quellen, Brunnen, Teiche und Flüsse als Kinderherkunftsorte weisen klar darauf hin, dass einst eine Frau nicht nur eine biologische Empfängnis hatte, sondern auch eine spirituelle. Die Kinderschenkerin ist überwiegend eine Erd- und Quellgöttin, die als Landschaftsahnin verehrt wurde. So gab es früher auch in der Schweiz fast in jedem Dorf einen Quellenort mit einem entsprechenden Frauenritual. Oder die Frauen gingen nach Zurzach zur Quelle der Verena. Ebenso nach Baden ins Verenabad mit dem «Verenenloch». Die Freizügigkeit bei den Bädern war sicher auch ein Grund dafür, dass der Wunsch der Frauen in Erfüllung ging. Als fruchtbarmachendes Bad war nebst Baden auch das Bündner Bad Ganey im Prättigau bei Seewis sehr beliebt. Dazu hören wir bei Runge: «Es gibt dort in den Alpen auch einen Ort, Ganej geheissen, mit ausserordentlich guten Heilquellen, ganz besonders für unfruchtbare Frauen…» Man sagt, dass die Frau des Bündner Landvogts von Salis auch nach vierzehn Jahren Ehe keine Kinder hatte. Sie ging dann mit ihrem Mann nach Ganey baden und erhielt später sechs Söhne. Das einstige Bad wird erstmals 1617 schriftlich erwähnt. Die Quellen sind jedoch älter. Sie entspringen auf 1350 m Höhe.

Kinderbrunnen in Baden an der Limmat. Er erinnert an die Kinderherkunft im Verenabad.

Bei den Altvölkern Nordosteuropas sind die Kinder eine Gabe des Wassers. Wenn die grösseren Kinder die Erwachsenen fragen, woher ein Kleines komme, pflegt man zu antworten: «Die Wassermutter hat es geschickt.» Die Frauen in den Geburtswehen wenden sich an die Wassermutter: sie solle die Entbindung erleichtern und das Kind bei der Geburt beschützen. Ausserdem stiftet diese Ehen und Liebesbande.

Empfängnis, Geburt und Taufe

Liebe, Hochzeit und Tod

Während der Verlobung wurde bei den Römern sowohl die Braut als auch der Bräutigam gebadet. Selbst im Mittelalter soll in Deutschland das Brautpaar vor der Trauung immer ein Bad genommen haben. Wenn es am Hochzeitstag stark schneit oder regnet, gibt es viele Kinder, sagt der Volksmund. In Estland wirft die Braut an der Hochzeit Geld und Bänder in den Brunnen. In Bulgarien speit sie eine Münze in das Brunnenwasser und schüttet Hirse hinein. In Deutschland wirft die Hebamme bei Tauberbischofsheim ein Stück Zucker in den Brunnen, damit die Braut ein Kind bekommt. In Nordosteuropa musste die Neuvermählte im ersten Frühling ihrer Verheiratung mit Wasser bespritzt werden. In gewissen Ortschaften pflegte man im Frühjahr nach St. Georg (23. April) alle kürzlich verheirateten Frauen zu besprengen: «Das Besprengen geht so vor sich, dass die betreffende Person mit allen Kleidern bis an die Ohren in den Wäscheteich getaucht wird... Bei jungen Frauen, die guter Hoffnung sind, wird der Vorgang bis zum nächsten Frühjahr verschoben.»

Besonders beliebt waren die Liebesorakel, wofür uns ein Beispiel aus der Bretagne vorliegt. In Trégastel der Region Côtes-d'Armor am Meer liegt die Kapelle des heiligen Guirec – ein Heiliger, der von der Kirche gar nicht gefeiert wird. Hinter ihm steckt eine alte Meeresgottheit, die Christian Caminada als «Fruchtbarkeitsgöttin des Meeres» betrachtet. Junge Frauen pilgern heimlich zu Guirec, obwohl dies von der Geistlichkeit nicht gern gesehen wird. Die Statue des Heiligen ist aus Granit. Sie dient heiratswilligen Mädchen als Orakel, um zu erfahren, ob sie einen Mann bekommen. Das Mädchen muss eine Nadel gegen die Nase des heiligen Guirec werfen. Wenn diese stecken bleibt, wird es im selben Jahr glückliche Braut. Hier am Meer mit der Flut und den Wellen glaubt man, aus dem Wasser weissagen zu können. Noch heute ist der Spruch in der Bretagne bekannt: «Wenn man Nadeln in den Brunnen wirft, so kann man seinen Zukünftigen sehen.» Fallende Haarnadeln hingegen verkünden den Tod des Bräutigams.

In Graubünden sagte man bei einem Todesfall: «Wenn jemand im Haus stirbt, so muss man alles Wasser, das im Haus ist, ausschütten.» Man glaubte, dass die Seele durchs Wasser gehe. Aufschlussreich ist ein Bericht aus Island. Dort hatte ein gewisser Thorstein Rotnase seinen Hof nahe bei einem Wasserfall. Er opferte dem Geist des Wasserfalls stets die Reste der Mahlzeit und erkundete dabei die Zukunft. In der Nacht, als er starb, stürzten sich seine Schafherden in den Wasserfall. Sie gingen zu ihrem Herrn, der nun unter dem Wasser wohnte. Nach alter Auffassung lebte er dort so weiter wie im früheren Leben.

Braut und Bräutigam nehmen
bei der Hochzeit ein Bad.

Quellgöttinnen

Bei Quellen und Gewässern können Pferde und Stiere, Drachen und Schlangen, Elben und Wassermänner erscheinen – die Hauptgestalt jedoch ist die Quellgöttin oder weisse Frau. Sie segnete die Landschaft und liess Menschen, Tiere und Pflanzen gedeihen. Sie bewirkte Fruchtbarkeit, schenkte Kinder und war die Ahnfrau der Sippen. Sie war die ewig wechselnde Gestalt im mythischen Jahr, mal junges Mädchen, mal Winteralte. Man rief sie an als Mutter Fluss oder Mutter Fisch. Sie zeigte sich als Wasserfrau, halb Mensch halb Fisch, ebenso in Gestalt der Drachenschlange. Ihre Quelle war der heilige Erdschoss mit dem Wasser des Lebens. Ja sie war selbst die Quelle, die man daher «Jungfrau» nannte: bei den Römern Aqua Virgo und bei den Griechen Parthenos – die Kraft, aus der alles entsteht. Ihre Verkörperung, die Nymphe oder weisse Frau, war das Numen der Quelle – das heilige Geheimnis des Wasserortes. Hier wuschen sich die Menschen, um Reinigung zu erlangen sowie Heilung von Krankheiten. Die Quelle schenkte ihnen gleichsam ein neues Leben. Ausserdem suchte man bei ihr Rat, um die Rätsel der Zukunft zu erfahren.

Die Göttin Astarte als Quelle des Lebens. Aus ihren Brüsten floss Wasser in eine Schale. Fundort Tutugi, Altspanien.

Frau Holle und die Weisse Frau

Die weisse Frau lebt in Höhlen und Wäldern, bei Brunnen und Flüssen. Ja selbst der Gletscher, das ewige Eis der Alpen, ist ihre Wohnstätte. Brunnen und Quellen sind das Tor zur Unterwelt, dem Land der ewigen Jugend, woraus das Korn und die Früchte entstehen und wohin die Verstorbenen zu ihrem uterinen Ursprung zurückkehren, um verjüngt wiedergeboren zu werden. Die Ahnfrau hat ihnen ein neues Leben geschenkt. Daher wäscht die weisse Frau in den Sagen am Fluss. Das schwarze Hemd, Symbol des Todes, wandelt sie zum weissen Gewand – Symbol der lebenschaffenden Kraft. Sie ist die Grosse Wäscherin, die Leben-im-Tod-Göttin, die den Kreislauf von Tod und Erneuerung bewirkt. Sie ist daher auch eine Grosse Heilerin, welche die Leiden der Menschen in Gesundheit verwandeln kann. Ja selbst das Schicksal kann sie dem Menschen nehmen und ihm ein neues geben. Die weisse Frau ist somit keineswegs die jämmerliche, um Erlösung bittende Gestalt, wie sie oft in den christlich-patriarchal verzerrten Sagen dargestellt wird. Ausserdem hütet sie einen Goldschatz, den sie im Wasser wäscht oder in einer Kiste verborgen hält. Dieses «Gold» sind die Ähren der Felder, das Korn und die Früchte des Sommers. Sie hält die Samen und Keime in den Händen, die durch ihre geheimnisvolle Macht wachsen und blühen.

Nur noch Fragmente ihrer einst umfassenden Mythologie finden wir in den Sagen. Sie erscheint als «Schlossjungfrau» um Mittag, steigt herab und badet im Brunnen. Dann steigt sie wieder zum Schloss hinauf. Oder die weisse Frau badet alle sieben Jahre im Teich. Eine «Seejungfrau» badet im Queckbrunnen, und die Aargauer «Bornjungfrau» alle hundert Jahre in der Aare. Vom Schlossberg bei Landeck in Mittelfranken stiegen einst «zwei weisse Fräulein» herunter und badeten im Brunnen des Bilzgartens. Zum Jungfernborn bei Hirzenheim in Oberhessen kommen «drei Jungfrauen» am Mittag zwischen elf und zwölf Uhr und baden darin. Gleiches berichtet die Sage von einem alle sieben Jahre versiegenden Jungfernbrünnle im deutschen Herrieden. Zum Bach auf der Hollerwiese am Fuss des Engelberges bei Hirschau kamen singend «weisse und schwarze Jungfrauen». Sie badeten sich und kämmten ihre langen Haare. Im Schweizer Eital bei Wenslingen baden in einem Becken der Ergolz «drei Fräulein» der Oedenburg. Es sei ein gutes Omen für bestes Heuwetter. Im Elsass kommt eine ganze Schar von «weissen Jungfrauen» alle sieben Jahre aus einem geheimnisvollen Felsen bei Alberschweiler. Sie waschen sich in der nahen Quelle und gehen «klagend» in den Stein zurück. Ebenso kennt man in den Vogesen die «weisse Jungfrau» der Hohenburg. Sie kommt lächelnd zum Maidenbrunnen herab, wäscht darin die langen Haare und steigt wieder «weinend» hinauf. In der Rhön (Deutschland) kommt die «weisse Frau» des Bilsensteins mit zwei Katzen zum Bilsenborn, dem Ursprung des Öchsebaches, und trinkt daraus.

In Mittelfranken zeigen sich «drei Jungfrauen» am Brunnen, ebenso im Werratal. In der Oberpfalz erzählt man eine Märchensage von «drei Fräulein», die in einem Schloss am Weiher wohnten. Sie gingen oft singend zum Teich, legten ihre Schleier ab und schwammen als Enten darin herum. Ein Prinz vom Glasberg verliebte sich in die Jüngste und gewann sie mit Hilfe einer «Hexe». In Oberhessen steigt aus dem Born im Bornwäldchen unter der alten Linde bei Elchen im Herbst das «grau und weiss gekleidete Weibchen» heraus und wäscht Leinen. Dagegen kommt im Frühling das Aargauer «Müselifräueli» im Freiamt aus dem Müselibrunnen zum Waschen.

In Nord- und Mitteleuropa erscheint Frau Holle, die Göttin Hel, als Wasserfrau. Man gelangt zu ihr durch einen Brunnen oder ein Erdloch, dessen langer Schacht in die Unterwelt führt. Dort backt sie Brot und lässt die Äpfel am Baum gedeihen. Doch sie ist auch eine Wetter- und Regenmacherin, wenn sie vom Himmel auf die Erde hinabschaut und es schneien lässt. Bei Hasloch am Main wohnt Frau Holle im unteren Berg. In der Nähe am Fluss ist ihr Badeplatz, wo sie vor Tagesanbruch oder an Mittag badet, meistens allein, zuweilen mit zwei anderen Frauen. Auf dem Weissner (Meissner) in Hessen ist der Frau-Hollen-Teich. Er heisst auch Frau-Hollen-Bad, weil sie am Mittag darin badet. In Oberhessen liegt zwischen Frischborn und Hopfmansfeld ein Born, das Frau-Holle-Loch, aus dem sie zuweilen mittags im Wirbelwind herausfährt. Bei Eisleben badete einst Frau Wolle (!) im salzigen See. Sie kam von einem Felsberg bei Aseleben herab. In den Harzsagen tritt Frau Holle meist mit einer anderen weissen Frau auf und auch hier finden wir ihr Bad. In einer Lauterberger Sage wird Frau Holle zur Kammerfrau der Lutterjungfrau gemacht. Sie wäscht ihren Schleier in der Lutter.

Auch in der Schweiz berichten viele Sagenbücher von der weissen Frau oder der «Dame blanche», wie man sie in der Romandie nennt. In Baden sind «drei weisse Frauen» die Hüterinnen der heissen Quellen. Im

Der Wasserfall als Weisse Frau. Sitzende Gestalt in der Taubenlochschlucht bei Biel, Kanton Bern.

Berner Oberland ist im Lauterbrunnental von der «weissen Frau» am Mattenbach die Rede. In Rigi-Kaltbad erscheinen immer noch «drei Schwestern» beim Heilbrunnen. In Leukerbad erwähnt die Sage eine Blanka «die Weisse» als Schöpferin der Quellen. Später wird sie als «Unserer lieben Frauen Brunn» angerufen. Auch in Werthenstein und Luthernbad haben die Heilsuchenden die weisse Frau gesehen und sie als Maria gedeutet. In Einsiedeln wird der schwarze Erdgöttinnenaspekt der weissen Frau zur schwarzen Madonna mit dem Heilbrunnen. Und in Ascona erschien die Quellgöttin einer Hirtin am Ort «Madonna della Fontana».

Landschaft der Ahnfrau

Das Rheintal in der Bündner Surselva war die Landschaft der mythischen Margaretha.

Bemerkenswert sind die zahlreichen Göttinnen, denen man zur römischen Zeit der Schweiz Inschriften weihte. Ihre Namen haben sich teilweise in den Ortsnamen erhalten. So ist in *Avenches* zwischen Murten und Yverdon eine Quellgöttin *Aventia* überliefert. Der Stadtname *Genf* leitet sich von der Wassergöttin *Genava* ab. Ihr war das Rhonemündungsgebiet heilig – genauso wie der Fenetta das Rhonedelta am östlichen Ende des Genfersees. In Biel war nicht nur die Römerquelle eine sakrale Stätte. Der Stadtname *Biel-Bienne* leitet sich von einer Wassergöttin *Belena* ab. In Muri bei Bern entdeckte man im 19. Jahrhundert eine Statue der Naria. Sie wurde von den Schiffsleuten verehrt und weist schon vom Namen her auf eine Flussgöttin der Aare hin. Ebenfalls fand man eine Naria-Inschrift in Cressier im Gebiet der Thielle-Zihl zwischen Bieler- und Neuenburgersee. In Baden, wo die hl. Verena ihr wunder-

Nixe von Valendas im Vorderrheintal.
Sie verkörpert wie die mythische Margaretha
die Flüsse und Gewässer der Surselva.

Die mythische Margaretha mit der Drachenschlange. Obersaxen, Graubünden.

sames Bad hatte, kam im Gemäuer eine Weiheinschrift an die Isis hervor. Die Göttin Isis verkörperte das Land und den Thron Ägyptens. Auch der Nil war ihr heiliger Fluss. Priesterinnen in Rom trugen jeweils in einer Prozession geweihtes Nilwasser in einem Krug. Einen solchen Krug mit Wasser besitzt auch die heilige Verena. Die Beispiele liessen sich um ein Mehrfaches erweitern. Doch schon jetzt fällt etwas auf: die Namen der alteingesessenen Quellgöttinnen sind nicht römisch. Sie sind keltisch, eher sogar vorkeltisch. Und noch etwas ist feststellbar: Auch die Namenkunde bestätigt die Identität von Landschaft und Ahnfrau, wie wir es des öfteren erwähnt haben.

Es gibt sogar ganze Landschaften, die man mit einer Ahnfrau gleichsetzte. So war das Bergellertal in Graubünden der Flussgöttin Maira geweiht. Das Rhonetal im Wallis kennt eine inschriftlich belegte

Landschaft der Ahnfrau

Cantismerta. Der Jura war das Land der Aericura, die in der Sagenwelt als «Tante Arie» mit ihrem Schlangensymbol der Vouivre (< Vipera) erscheint. Ein Tal bei Biasca im Tessin war das Land der Flussgöttin Crenscia. Das Vorderrheintal, die Surselva in Graubünden, sowie das Taminatal waren die Landschaft der mythischen Margaretha. Das Prättigau mit dem Fluss Landquart ist ein Geschenk der Ahnfrauen Silvretta und Vereina. Zu ihnen gesellt sich die Alpenfee Madrisa. Wenn also früher die Mutter Erde besungen wurde, meinte man ganz konkret den Erdkreis, wo man lebte. Entsprechend war Heimat keine abstrakte Idee, sondern die Landschaft der Ahnfrau, mit der man in eine verwandtschaftliche Beziehung trat. In diesem animistischen Sinn können wir sagen: Landschaft ist Verwandtschaft. Die ganze Natur wird als beseelt erlebt. Sie wird als grosser Organismus verstanden, in dem alle Dinge miteinander verbunden sind.

Sirona und Verena

In Augst, der ehemaligen römischen Stätte Augusta Raurika in Baselland, wurden verschiedene Gottheiten verehrt. So zum Beispiel Apollo und Diana, aber auch einheimisch-keltische: der gallische Gott Sucellus und die Quellgöttin Sirona. Eine Inschrift, die man in der Tempelanlage fand, zeigt folgenden Wortlaut: *Apollini et Sironae Genial(i)s v(otum) s(olvit) l(ibens) m(erito)* «Den Genien Apollo und Sirona das Gelübde gern und nach Gebühr erfüllt». Beide Gottheiten werden mit «Genialis» bezeichnet, was auf die römische Umschreibung «Genius Loci» hinweist. Die Wassergöttin Sirona war somit auch der «Ortsgeist» von Augst, was mit den Flüssen Rhein, Ergolz und Violenbach durchaus in der Landschaft gegeben ist. Im hessischen Nierstein am Rhein zwischen Mainz und Worms entdeckte man 1802 das sogenannte Sironabad. Es handelt sich um ein keltisch-römisches Quellheiligtum mit vier Quellen (zwei Süsswasser und zwei mineralhaltig). Das Wasser wurde im 19. Jahrhundert neu gefasst und in verschiedene Länder exportiert. Zum Vorschein kam auch ein Votivaltar, den eine Frau, Julia Frontina, zum Dank für ihre Heilung gestiftet hatte. Auch wurden Münzen in die Quelle gelegt. Auf dem Weihestein lesen wir folgende Inschrift: *Deo Appolini et Sironae Julia Frontina votum solvit libenter lubenter meritis* «Dem Gott Apollo und der Sirona erfüllt Julia Frontina ihr Gelübde gerne, freudig und nach Gebühr». Mit Apollo ist hier eigentlich der keltische Gott Grannus gemeint, der in römischer Zeit mit Apollo gleichgesetzt wurde. Ebenso wird unsere Sirona manchmal mit Diana verglichen. Eine Inschrift im ungarischen Waradin erwähnt denn auch eine *Dianae reginae undarum* «Diana, Königin der Gewässer». Gewiss ist damit Sirona als Schutzgöttin einer Heilquelle gemeint. Im lothringischen St. Avold existiert ebenfalls eine Abbildung der Sirona. Ihre Haare sind wie eine sprudelnde Quelle geformt, die das Wasser in weiten Bögen herabfallen lässt. Auf dem Weihestein heisst sie Deirona anstatt Seirona. Ein bedeutendes Heiligtum der Göttin liegt in Hochscheid im Idarwald (Rheinland-Pfalz) zwischen Mainz und Trier. Dort wurde in den 1930er Jahren ein Quellheiligtum ausgegraben, das unter anderem ein lebensgrosses Standbild der Sirona barg. Als Weihegaben fanden sich verschiedene Figürchen: Brot, Hündin, Mauerkrone und Wickelkind. Als Zeichen ihrer Heilkraft trägt sie eine Schlange um den rechten Unterarm geschlungen. Den Kopf des Tieres führt sie behutsam an eine Schale mit drei Eiern heran, die sie in der Linken hält. Wei-

Wassergöttin Sirona von Hochscheid, Rheinland-Pfalz.

Mythische Verena mit Wasserkrug. Zurzach, Kanton Aargau.

tere Fundorte zeigen die verschiedenen Attribute der Ahnfrau: Früchte, Girlanden, Ähren oder eine Mondsichel über dem Kopf.

Noch wenig bekannt ist, dass die meistverehrte Heilige der Schweiz, die mythische Verena, eigentlich eine keltische Wasser- und Landschaftsgöttin war. Noch im Mittelalter nannte man sie «alt heidnisch Wassergötzli». Gemäss ihrer Legenden lebte sie bei Solothurn in einer Wasserklus, die heute als Verenaschlucht allseits bekannt ist. Eines Tages jedoch soll sie auf einem schwimmenden Mühlstein Aare abwärts nach Klingnau und Koblenz gelangt sein. Dort landete sie auf einer Insel, steckte ihre Finger in den Boden, so dass eine Quelle hervorquoll. Wenn jeweils Überschwemmungen drohten, holte man ihr Bildnis, um es gegen den Rhein zu tragen und das Wasser zu bändigen. In Zurzach waren ihr zwei Heilquellen geweiht, deren Wasser auch verschickt wurde. Und nicht zuletzt sei nochmals auf das Verenabad in Baden hingewiesen, wo die Frauen die kleinen Kinder holten. Ein sehr schönes Bildnis der Verena finden wir in der Krypta des Zurzacher Münsters. Sie trägt den charakteristischen Krug mit dem Wasser des Lebens sowie den Kamm. Dieser ist ursprünglich nicht für die Armen und deren verlauste Haare bestimmt, wie es christliche Interpreten gerne wollen. Denn es handelt sich um den geheimnisvollen Kamm, mit dem sich die Nixen am Wasser ihre langen Haare kämmen: ein erotisches Symbol und eine einladende Geste. Und genau so erscheint Verena auch in der Krypta: mit den wallenden Haaren einer Nymphe und mit einem seltsamen Mona-Lisa-Lächeln auf den Lippen.

Wassermärchen

Das Wasser des Lebens ist ein fester Bestandteil der Zaubermärchen. In den Erzählungen widerspiegeln sich alltägliche Bräuche und mythologische Vorstellungen. In diesem Sinn ist das Märchen nicht weltfremd, sondern berichtet von Riten genauso wie von jenseitigen Wesen. Diese sind oft helfende Verstorbene. Auch die «übernatürlichen» Ereignisse wie sprechende Tiere oder die Verwandlung eines Menschen in einen Stein sind im Märchen selbstverständlich. Am Schluss der ganz natürlichen Transformation steht dann die Rückverwandlung in die ursprünglich Form. Solche wundersamen Handlungen lassen sich vielfach durch den Animismus mit seiner beseelten Welt erklären. Ein schönes Beispiel der Wechselbeziehung zwischen Alltag und Märchen ist die Herkunft der Kinder. Wie schon erwähnt, hatte früher jede Dorfgemeinschaft eine heilige Quelle, an der die Frauen die Kinderseelen empfingen. Auch das Märchen kennt das fruchtbarmachende Wasser. Meistens ist die Quelle im Gebirge, im Wald oder sonstwo in einem unwegsamen Gebiet. In einem Märchen aus Sardinien wandert eine kinderlose Frau tagelang in die Berge. Sie trifft einen Hirten, den sie nach der Heilquelle fragt. Er kennt den Wasserort gut und gibt ihr auch folgenden Rat: «Wenn du einen Jungen möchtest, dann musst du drei Schlucke trinken, willst du aber ein Mädchen, dann vier.» Im Verlauf der Geschichte bekommt die Frau dann tatsächlich ein Mädchen und einen Jungen. In der Märchenausgabe der Brüder Grimm von 1812/15 ist ein Zaubermärchen mit dem Titel «Von Johannes-Wassersprung und Caspar-Wassersprung» abgedruckt. Die Erzählung beginnt damit, wie ein König darauf bestand, dass seine Tochter nicht heiraten sollte. Er liess ihr in einem Wald ein Haus bauen, darin musste sie mit anderen Jungfrauen wohnen. In der Nähe des Waldhauses war jedoch eine Quelle mit wunderbaren Eigenschaften. Eines Tages beim Spaziergang trank die Prinzessin vom klaren Wasser und empfing. Sie gebar zwei Söhne, die entsprechend Johannes-Wassersprung und Caspar-Wassersprung genannt wurden.

Das Wasser des Lebens kann auch im Märchen heilen, verjüngen und neues Leben schenken. Manchmal hören wir sogar, dass ein Held stirbt und sein Körper in Stücke zerteilt wird. Diese werden in einen Sack gesteckt und seinem Pferd auf den Rücken gebunden. Das Pferd eilt dann zu einer alten Frau (oder Heiligen) – der Schutzgöttin des Helden. Sie setzt die einzelnen Körperteile wieder zusammen und begiesst sie mit dem Lebenswasser. Sogleich steht ein schöner Jüngling vor der weisen Alten, die ihm das Leben zurückgegeben hat.

Eines der bekanntesten Märchen trägt schon den verheissungsvollen Titel «Das Wasser des Lebens». Hier geht es ebenfalls um einen jungen Helden, aber auch um einen alten (kranken) König: Ein König hat drei Söhne, er selbst leidet an einer unheilbaren Krankheit. Eines Tages hört er, dass in einem fernen Land das Lebenswasser fliesst, das heilen kann. Die Söhne machen sich nacheinander auf den abenteuerlichen Weg, das Wasser des Lebens zu holen. Doch nur dem Jüngsten gelingt es, die verschiedenen Proben zu bestehen. Unterschiedliche Tiere, ein Riese, ein alter Mann oder eine alte Frau sind ihm behilflich. Sie geben ihm Ratschläge und sagen ihm, wie er sich zu verhalten hat. Die Lebensquelle sprudelt meist in einem Berg, der sich nur zu gewissen Zeiten, gewöhnlich gegen Mittag oder Mitternacht von elf bis zwölf Uhr öffnet. Im Berg steht ein Schloss mit einem prächtigen Garten, mit Schätzen und Kostbarkeiten. In einem Gemach ruht die Herrin des Schlosses auf einem Bett – eine wunderschöne Prinzessin. Der Held legt sich zu ihr oder küsst sie, dann schöpft er das Wasser des Lebens. Meistens wird der Eingang zur Quelle von einem Drachen bewacht. Auch diese Probe besteht der Jüngling und kehrt mit dem Wasser des Lebens zurück, nachdem er weitere Abenteuer bestanden hat. Der König wird geheilt, und die Herrin des fernen Paradiesschlosses heiratet den jüngsten Königssohn.

In einem Märchen aus Graubünden mit dem Titel «Der Vogel der Wahrheit» ersucht die Schwester ihre Brüder, das Wasser des Lebens zu holen. Die Brüder ziehen aus, werden jedoch in Steine verwandelt. An einem blutenden Zeichen (Baum, Messer, Sacktuch) sieht die Schwester, dass sie tot sind, worauf sie selbst auszieht. Sie kommt zu einem Alten oder zu einer weisen Frau, die ihr den Weg zeigen und Ratschläge geben, so zum Beispiel nicht rückwärts zu schauen. Der Schwester gelingt es, das Wasser des Lebens in einem wundervollen Paradiesgarten zu schöpfen. Auf dem Rückweg trifft sie auf schwarze Steine, die ihre Brüder sind. Mit dem Lebenswasser, oder manchmal mit ihrem eigenen Blut, benetzt sie die Steine, worauf sie die Brüder wieder zum Leben erweckt.

Ein schönes Märchen voller Naturpoesie berichtet Viktor Gazek in seiner russischen Märchensammlung «Das Buch aus reinem Silber». Der Titel der Erzählung lautet «Das Geschenk der Flussmutter».

📖 **Das Geschenk der Flussmutter** Ein armes Mädchen ging einmal an den See, setzte sich an der Flussmündung ans Ufer und begann bitterlich zu weinen. Es war siebzehn Jahre alt, Vater und Mutter waren gestorben und die Wirtsleute, bei denen es im Lohn stand, waren hartherzig. Es weinte sich die Augen aus, und vergass vor Kummer alles um sich her. Plötzlich berührte jemand seine Schultern. Es sah auf und erblickte eine Frau in einem ungewöhnlichen Gewand. Goldenes Haar hatte sie und braune Augen. Ihre Schürze war mit Kieselsteinen gefüllt. Freundlich lächelnd sprach die Fremde zu dem Mädchen: «Weine nicht, mein Kind. Auf schlechte Tage folgen gute.» Sprach's und schüttete dem Mädchen die Kieselsteine aus ihrer Schürze in den Schoss. «Geh jetzt nach Hause», sprach sie, «und leg die Kieselsteine in deine Truhe. Aber erzähl niemandem von mir und lass auch niemanden die Steine sehen. Nur jenem, der morgen kommen und um dich freien wird, darfst du alles sagen.» Anfangs erschrak die Waise und brachte kein Wort hervor. Dann lächelte sie scheu und fragte: Um mich freien? Ich bin so arm, dass mich keiner nehmen wird. «Warte ab bis morgen. Meinen Worten kannst du trauen, ich habe noch keinen betrogen.» Nun fragte die Waise: «Wer bist du denn, da du weisst, was morgen sein wird?» «Wer ich bin und woher ich alles weiss, kann ich dir nicht sagen. Ich wohne dort, wo Sonne, Mond und Sterne von unten nach oben schauen und Bäume und Berge verkehrt herum stehen. Bei uns herrscht weder Hitze noch Kälte, wir kennen nicht Leid noch Schmerz, wir haben keine bösen Wirtsleute, bei uns braucht niemand zu weinen und sein Los zu beklagen.» «Woher bist du so überraschend gekommen?» fragte das Mädchen, das sich ein Herz gefasst hatte. Die Fremde antwortete lächelnd: «Ich werde ebenso schnell gehen, wie ich gekommen bin.» Mit diesen Worten entschwand sie im See. Jetzt erriet die Waise, wer die Frau war, und flüsterte: Dann bist du also die Flussmutter! Doch die sonderbare Frau war bereits fort. Wären nicht die weissen Kieselsteine in ihrem Schoss, sie würde glauben, geträumt zu haben. Das Mädchen ging nach Hause, holte die Truhe hervor und tat die Kieselsteine hinein. Anderntags kam tatsächlich ein Sohn reicher Eltern angefahren und begehrte das Mädchen zur Frau. Die Braut führte ihn zu der Truhe, hob den Deckel, und siehe da, ein gutes Drittel der Truhe war mit Silberstücken gefüllt. Der junge Mann umarmte seine Braut und sprach: «Was bedeutet schon Geld! Davon habe ich schon immer mehr als genug besessen. Nicht über dein Silber freue ich mich, sondern weil dich die Flussmutter beschenkt hat. Nur denen tut sie Gutes, die ein lauteres Herz haben. Solchen Menschen gelingt alles, sie bringen nicht nur sich selbst, sondern auch ihren Mitmenschen Glück.» Seine Worte trafen ein. Die beiden heirateten und führten ein glückliches Leben. Ihr Reichtum mehrte sich von Tag zu Tag. Die arme Waise war nun die freigebigste und freundlichste Frau weit und breit. Sie half allen, niemand verliess ihren Hof mit leeren Händen, und für alle Waisenkinder sorgte sie wie eine leibliche Mutter.

Ausführlich beschreibt hier die geheimnisvolle Flussmutter, wo sie lebt: «Ich wohne dort, wo Sonne, Mond und Sterne von unten nach oben schauen und Bäume und Berge verkehrt herum stehen.» Dies kann nur die Anderswelt sein, das Jenseitsparadies der Unterwelt. Die Flussmutter wohnt am Grund des Sees oder in einer Höhle, wo der Fluss entspringt. Es ist die Welt unter der Erde, wo die Verstorbenen ruhen. Tatsächlich ist die Flussmutter vielgestaltig. Sie ist einerseits die tote Mutter des Mädchens, die nun im Jenseits fortlebt und ihre Tochter beschützt. Sie erscheint ihr und gibt ihr Ratschläge. Ganz im Sinn der Ahnenverehrung ist die verstorbene Mutter der Schutzgeist der jungen Frau geworden.

Sedna, die Meeresgöttin der Inuit, als Mutter Fisch.

Die Mutter aber spendet auch Reichtum, Fruchtbarkeit und Segen. Die Verstorbene wurde zur Allmutter, zur Grossen Ahnfrau der Landschaft und des Flusses. Die Sippen verehren sie als Urahnin, die Tiere hervorbringt, dem Fluss Wasser gibt und die Landschaft begrünt. Sie wird zur universellen Reichtumsspenderin im Kreislauf des Lebens. Dem Mädchen erscheinen also sowohl die Mutter als auch die Landschaftsahnin: «Eine Frau in einem ungewöhnlichen Gewand. Goldenes Haar hatte sie und braune Augen.» Fluss-, Haus- und Schutzgeist sind identisch mit der Mutterahnin. Viele Völker von Korea bis Lappland kennen noch einen Hausschamanismus, wo eine Frau in Trance Kontakt zu den Sippen-Ahninnen sucht, um Hilfe und Schutz zu erhalten. Im Märchen schenkt die Flussmutter dem Mädchen sein Schicksal, ausserdem Kieselsteine, die zu Silberstücke werden. Diese stehen für die Erdfrüchte, mit denen die Landschaftsahnin und das Mädchen die Menschen ernähren. Es geht hier also nicht um einen individuellen Reichtum, sondern um Segen für die Gemeinschaft.

Das Märchen zeigt auch sehr schön die alte Vorstellung, dass die Flüsse Wesen sind. Der Fluss und der See sind die mythische Mutter, wo auch die Verstorbenen weilen. Die Altvölker Nordosteuropas besingen in wundervollen Liedern die Gewässer, so auch den «Mutter Fluss». Diese mythische Betrachtung des Wassers ist auch bei uns nicht fern. In der Schweizer Volkstradition ist die Areuse immer noch ein Wesen. Im Bergeller Fluss Maira schwimmt die Flussahnin Murgäna. Und im Tessin lebt die Flussgöttin Crenscia im Bewusstsein der Menschen weiter. Ausserdem erscheint bei fast jeder Quelle in den Sagen eine weisse Frau, die wir durchaus mit der Flussmutter des Märchens vergleichen können.

Quellen und Heilige

Auch in der Schweiz haben die christlichen Heiligen die einheimischen Gottheiten verdrängt. Diese waren entweder keltisch (Sirona, Aericura, Sucellus, Naria), römisch (Diana, Minerva, Jupiter, Silvanus, Ceres), griechisch (Apollo, Demeter) oder stammten aus dem Orient (Isis, Kybele, Mithras). Es ist sogar ziemlich sicher, dass vorkeltische Landschaftsahninnen und ihre männlichen Begleiter in gallo-römischer Zeit noch lange weiter verehrt wurden und erst im Zuge der christlichen Missionierung zu lokalen Heiligen wurden. Oder der alte Hauskult wurde durch die christliche Heiligenverehrung ersetzt. Diese Umwälzung hat Karl Weinhold in ein paar kurzen Sätzen trefflich beschrieben: «Als nun die mönchischen Missionare ins deutsche Land kamen, die Quellgöttinnen bannten... aus den heiligsten Heidenbrunnen die Bekehrten tauften und das Kreuz darüber errichteten... so erbauten sie an oder über den am höchsten verehrten Quellen kleine Kapellen von Holz. Sie wurden vornehmlich dem Schutz der Muttergottes übergeben... oder den kräftigsten Aposteln Petrus oder Paulus und dann einer Unzahl heiliger Männer und Frauen, je nachdem sie in der Landschaft zu besonderem Ansehen gekommen waren. Alle diese traten die Erbschaft der örtlichen Numina an und sie wurden gleich diesen verehrt mit Gebet und Opfergaben. Nur die Namen hatten sich verändert, die Sache selbst war die alte. Und es ist nur folgerichtig, wenn zu unserer Zeit die Ortsheiligen, die durch Jahrhunderte in den Kapellchen über den heilkräftigen Quellen verehrt worden sind, durch die modernste Brunnengöttin, die französische Dame von Lourdes, vertrieben werden, wie z.B. im Salzburger Land und in Tirol mit Hilfe der Geistlichkeit geschieht.»

In Sarmenstorf im Kanton Aargau berichtet eine Legende von drei heiligen Angelsachsen. Woher diese gekommen sind, weiss niemand. Sie sollen jedoch in der Nähe von Räubern überfallen und geköpft worden sein. Wo ihre Häupter zur Erde fielen, entstand ein Brunnen. Andere schreiben, die Angelsachsen hätten ihre Häupter aufgehoben und am Brunnen gewaschen. Noch heute sieht man den Sarkophag der Heiligen in der Wendelinskapelle oberhalb von Sarmenstorf unter einem riesigen Kultstein eingebaut. Die Munzachquelle bei Liestal in Baselland soll ihr Fliessen der Muttergottes verdanken. Diese habe einst ihren Fuss hier auf die Erde gesetzt, so dass ein wunderbarer Brunnen entsprang. Über Jahrhunderte hinweg kamen Pilger zum Heilwasser und tranken in der Hoffnung auf Genesung. Als man 1949 die Quelle neu fasste, stiessen die Bauleute überraschenderweise nicht nur auf Reste der Lorenzkirche, sondern auch auf römische Fundamente. Möglicherweise stehen diese wiederum auf einer keltischen Kultstätte. In Saint-Imier im Berner Jura liess der heilige Himerius in der Nähe seiner Einsiedelei eine Quelle hervorströmen. Er soll mit einem Baum-Schössling den Boden berührt haben, worauf Heilwasser aus der Erde quoll. Auf der kleinen Insel Umberau bei Klingnau steckte die heilige Verena drei Finger in den Boden und brachte damit einen schönen Brunnen hervor. Zwei weitere Quellen liess sie in Zurzach entspringen. In Saint-Gingolph am Genfersee schlug der Ortspatron einst mit seinem Stab Wasser aus dem Boden. Es entstand

Die Marienkapelle mit dem Brunnen davor steht unmittelbar auf einem alten Quellheiligtum. Fontauna de Nossadunna in Ruschein, Graubünden.

eine Quelle, die alle Krankheiten des Unterleibes vertreibt. In gleicher Art und Weise soll der heilige Lupicinus die heilkräftige Badequelle von St. Loup im Kanton Waadt hervorgerufen haben.

Die Zürcher Stadtheiligen Felix und Regula besitzen nicht nur den Brunnen bei der Wasserkirche, sondern auch eine Quelle in Linthal im Kanton Glarus. Ein Gallusbrunnen befindet sich in Tuggen in der Nähe einer vorchristlichen Kultstätte. Einen Meinradsbrunnen entdecken wir in Schindellegi und einen auf dem Etzelberg. Einen Pirminbrunnen in Pfungen. Oberhalb von Chur fliesst die Quelle des heiligen Luzius bei einer Höhle. In Ramosch im Unterengadin steht der Brunnen des heiligen Florin, dessen Wasser sich in Wein verwandelt habe. Auf dem Kronberg im Appenzell sprudelt der Jakobsbrunnen, der auch Wunderbrunnen genannt wird. Der heilige Jakobus soll von hier aus seinen Wanderstab bis nach Santiago de Compostela geworfen haben. In Einsiedeln

Quellen und Heilige

Der Brunnen auf dem Etzelberg am Zürichsee ist dem hl. Meinrad geweiht.

besitzt die Muttergottes den Marienbrunnen. Im Tessin erscheint sie als Madonna della Fontana bei Ascona sowie als Madonna di Sementina. In Graubünden entspringt eine Quelle mitten im Dorf Ruschein: die Fontauna de Nossadunna. Sie tritt unter dem Altar der Marienkapelle hervor und wird im Boden zu einem Brunnen vor der Kapelle weitergeleitet. Im Jura ist die Quellgrotte bei Undervelier der heiligen Colombe geweiht.

Sehr aufschlussreich ist eine Geschichte aus der Ostschweiz. Sie wird uns in der Lebensgeschichte des heiligen Gallus geschildert. Dieser kam von Tuggen über den Rickenpass nach Arbon und Bregenz an den Bodensee. Eines Tages fragte er seinen ortskundigen Begleiter nach einem einsamen Platz, wo er als Einsiedler leben könnte. Beide wanderten dann der Steinach entlang an den heutigen Ort St. Gallen. Dort fliesst der Fluss von St. Georgen herab durch ein kleines Tal, die sogenannte Mülenenschlucht. In der Legende heisst es nun, dass Gallus und sein Begleiter an diesen Wasserort kamen und zwei nackte «Dämoninnen» baden sahen. Die Wasserfrauen klagten, warum die beiden

Quellen und Heilige

Männer hierher gekommen seien und warfen mit Steinen nach ihnen. Da fing Gallus an zu beten und vertrieb die Nymphen, die sich auf den nahegelegenen Menzelberg zurückzogen. Auch hier klagten sie über das Kommen des Missionars. Wer sind nun diese seltsamen Frauen? Sie können als Quellgöttinnen aufgefasst werden, aber auch als sakrale Frauen, die im Dienst einer Landschaftsahnin standen. Sie waren Hüterinnen des Quellbeckens und der wasserreichen Mülenenschlucht. Aus christlicher Sicht mussten sie dem Missionar weichen und vorher als «schreckliche Dämoninnen» hingestellt werden. Dabei ist interessant, dass das griechische Wort «Daimon» ursprünglich Ortsgeist bedeutet, also dem bekannteren römischen Ausdruck «Genius Loci» entspricht. Ungewollt berichtet uns damit die legendenhafte Lebensgeschichte des Gallus von den ehemaligen Quellgöttinnen der Mülenenschlucht.

Zweifellos wurden alle diese christlichen Quellen schon in vorchristlicher Zeit verehrt. Der Quellenkult war bereits in vorkeltischer Zeit fester Bestandteil der einheimischen Naturmythologie. Kelten und

Wasserbecken der Mülenenschlucht zwischen St. Gallen und St. Georgen.

Römer übernahmen ihn vielfach, doch das frühe Christentum versuchte, ihn zu verbieten. Dazu schreibt Heinrich Runge: «Mit der grössten Konsequenz traten ursprünglich die christlichen Sendboten der Verehrung der Bäche und Brunnen entgegen und wir dürfen gewiss sein, dass sie heilige Brunnen auch in dem Sinne, wie sie die katholische Kirche gegenwärtig, wenn nicht annimmt, doch zulässt, niemals anerkannten, denn sonst würden sich in den Verboten irgend welche Spuren der Ausnahme von der Regel finden. Dies ist aber nirgends der Fall. Überall erfolgt der schon von St. Eligius in seiner bekannten Predigt gegebene Befehl, die Quellen und Bäume, welche man heilige nennt, zu zerstören. Erst als der Versuch der Vernichtung teilweise wenigstens misslang und das Volk nach wie vor der alten eingewurzelten Gewohnheit treu blieb, wich man auch hier wie in so vielen anderen Dingen seiner zähen Ausdauer, indem man christliche Legenden an die Stelle heidnischer Traditionen treten liess und Brunnen auf kirchliche Heilige übertrug… Einzelne Heilige, welche (wie z.B. St. Verena) schon in ihre Legenden zahlreiche mythische Bezüge aufgenommen haben oder die sich gar aus mythischen Wesen entwickelten, besitzen deshalb auch viele solcher Gewässer und – da man sich mit den Steinen in demselben Fall befand – heilige Felsen und Höhlen, trotzdem die Kirche ursprünglich den Steindienst nicht weniger entschieden verwarf als den Quellkult.»

Wie beim Baumkult ist auch im Wasserkult in frühchristlicher Zeit eine gewisse Bewusstseinsspaltung festzustellen. Während die Missionare den alteingesessenen Quellenkult auszurotten versuchten, lesen sie gleichzeitig in der Bibel, wie Johannes den im Jordanfluss stehenden Jesus mit Wasser übergiesst und segnet. Der Wasserkult in Europa und das Flussritual am Jordan unterscheiden sich aber nicht wesentlich voneinander.

Ein gutes Beispiel, die historischen Übergänge in Europa darzustellen, ist die Göttin Abnoba im Schwarzwald. Sie war schon in vorkeltischer Zeit eine Grosse Ahnfrau: Herrin der Tiere sowie eine Wald- und Quellgöttin. Der ganze Schwarzwald war nach ihr benannt, d.h. die Landschaft war die Ahnfrau. Die Kelten übernahmen ihren Namen und ihre Kultstätten wie Bäume, Quellen, Steine, Berge und Wasserfälle. Später nannten die Römer die Gegend *Abnobae Mons* «Berg der Abnoba». Die «keltische» Göttin wurde allmählich romanisiert, indem sie neu in einer Doppelnennung «Diana Abnoba» erschien und so der römischen

Gallus und sein Gehilfe vertreiben die Wasserfrauen (Dämoninnen) an der Steinach bei der Mülenenschlucht.

Göttin Diana angeglichen wurde. In Badenweiler besass sie einen Tempel, dort war ihr das Heilbad ebenso geweiht wie in Cannstatt bei Stuttgart. In Ottersweier, einer kleinen Gemeinde in der Nähe von Baden-Baden, wurde Abnoba noch in frühchristlicher Zeit als Baumgöttin verehrt, und zwar in einem Lindenbaum. Gemäss einer seltsamen Legende soll dann

Quellen und Heilige

ein Hirtenmädchen in einer Linde eine singende Marienstatue entdeckt haben. Nach dieser «Erscheinung» strömte das Volk herbei, das wundersame Marienbild zu schauen. Rasch liess man eine Kapelle neben der Linde errichten, in der man die Statue aufstellte. Und so heisst der Ort heute Maria Linden in Ottersweier. Und die Ahnfrau Abnoba? Sie wurde entweder dämonisiert oder durch Maria ersetzt, wie die Archäologin Cornelia Karow schreibt: «Gerade auf ihre Schutzfunktion der Wegkreuzungen scheinen sich die Menschen in christlicher Zeit noch lange verlassen zu haben. Nur die Dämonisierung der Göttin oder der Bau einer Kirche auf ihrem Kultort konnte die Verehrung christlich kanalisieren wie das Beispiel der Lindenkirche in Ottersweier zeigt.»

Kultquellen

Wasser passt sich an, ohne
seine Natur zu verlieren.

(Östliche Weisheit)

Basel –
Der Basilisk im Gerberbrunnen

Mitten in der Altstadt von Basel, zwischen dem Barfüsser- und dem Marktplatz, entdecken wir in einer einsamen Nische beim Gerbergässlein den Gerberbrunnen. Sein Wasser plätschert ruhig in einen Steintrog. Über dem Ausfluss ist eine Inschrift eingehauen. Andere Bezeichnungen sind Richt- oder Lochbrunnen. Doch meistens sagt man Gerberbrunnen bzw. Gerberloch – wegen dem benachbarten Zunfthaus der Gerber. Bereits 1284 ist von seinem Wasser die Rede. Gefahr drohte dem mythischen Brunnen vor allem um 1873, als man ihn zuschütten wollte. Die Anwohner jedoch wehrten sich erfolgreich, so dass die frevelhafte Aktion scheiterte. Fünfzig Jahre später, um 1926, erfolgte dann ein schwerwiegender Eingriff. Der Brunnen musste wegen eines Neubaus weichen und wurde – nun mit Druckwasser versorgt – an die heutige Stelle verschoben.

Der Gerberbrunnen in der Altstadt von Basel.

Der Gerberbrunnen ist unmittelbar mit dem Fabelwesen Basilisk verbunden. Unter einem Basilisk (< griechisch *Basileus* «König») versteht man eine geflügelte Schlange mit Kopf und Beinen eines Hahns. Zahlreiche Darstellungen zeigen das Tierwesen mit einem Oberkörper eines Vogels, vereint mit dem Unterleib einer Schlange, sowie auf dem Kopf eine Krone. Nicht sehr schmeichelhaft beschreiben ihn verschiedene Schriftsteller der Antike: Der Basilisk habe Giftzähne; sein stinkender, giftiger Atem lasse das Gras verdorren und könne Pest und Seuchen auslösen; sein scharf stechender Blick soll versteinern können. Er lebe in Brunnenschächten oder tiefen Kellern, wo er oft verborgene Schätze hüte. Wie die ihm verwandte Hydra der griechischen Mythologie kann er nur vernichtet werden, wenn er sich selbst im Spiegel sieht. Ein Basilisk entstehe, wenn ein alter, meist schwarzer Hahn ein dotterloses Ei in den Mist lege, dass dann von einer Echse, Kröte oder Schlange ausgebrütet werde. Er galt als König der Schlangen.

Eine Sage berichtet nun, dass die keltischen Bewohner von Kaiseraugst (Augusta Raurika) nach der Niederlage gegen die Römer in Gallien wieder in die Region Basel zogen. Dort gingen sie jedoch nicht in das zerstörte Kaiseraugst zurück, sondern siedelten im heutigen Basel. Beim Aufbau der Stadt fand man im Gerberbrunnen einen Basilisk. Daher soll die Stadt «Basel» heissen.

Eine weitere Sage spielt im späten Mittelalter. Im Jahr 1474 habe man «auf Donnerstag vor Laurentii» (10. August) auf dem Kohliberg bei Basel einen Hahn samt einem Ei verbrannt, das er gelegt hatte. Vorher schnitt der Henker den Hahn auf und fand noch drei Eier in ihm. Die Menschen glaubten, dass aus einem solchen Hahnenei ein Basilisk hervorkomme – schrecklicher als der grösste Lindwurm. Als Fundort des Mischwesens wird wiederum der Basler Gerberbrunnen angegeben.

Eigenartig ist, dass der Basilisk um 1448, also etwa dreissig Jahre vorher, erstmals auf einer Handschrift als Basler Wappenhalter erscheint. So schrecklich kann der «König der Schlangen» somit nicht gewesen sein. Der Basilisk soll vor der Stadtgründung in einer Drachenhöhle beim Gerberbrunnen gewohnt haben. Die Brunneninschrift von Paul Siegfried (1878–1938) lautet entsprechend:

> Der Basilisk ist ein Mischwesen aus Vogel und Schlange. Er haust im Basler Gerberbrunnen und versinnbildlicht die Gewässer Birsig und Rhein.

In dieses Brunnens dunklem Grund
Haust einst – die Sage tut's uns kund –
Der Basilisk, ein Untier wild.
Heut hält er Basels Wappenschild.
Drauf ward hier ein Gericht gehegt
Auch Tanz und Minnesang gepflegt.
Vom Zunfthaus, das beim Quell dann stand
Ward Gerberbrunnen dann genannt.
Nachdem versiegt er manches Jahr
Stömt heut' er wieder voll und klar …

Wie kommt nun der Basilisk nach Basel? Verschiedene Erklärungsversuche werden geboten. So soll während eines Konzils in Basel ein reisender Kaufmann eine ausgestopfte Echse als Basilisk herumgezeigt haben. Das Tier machte soviel Eindruck, dass der Stadtrat es als Basler Wappenhalter wählte. Eine andere Theorie geht von der Ähnlichkeit der Namen aus: hier der Stadtname *Basel* und dort der Tiername *Basilisk*. Beides vermischt sich mit der Zeit und wird zur Deutung der Namen herangezogen. Dennoch stammt der schwierig zu erklärende Ortsname «Basel» nicht vom Fabelwesen Basilisk ab – obwohl dies volksetymologischer Glaube ist. Zudem wird von mehreren Regionen Europas von einem Basilisk berichtet – Memmingen, Aachen, Warschau, Wien –, ohne dass hier ein Zusammenhang mit dem Ortsnamen erscheint.

Gemäss einer Sage aus dem süddeutschen Memmingen an der Iller konnte sich einst ein Verurteilter freikaufen, indem er einen im Hauskeller in der Nähe der Frauenmühle wohnenden Basilisk tötete. Dieser hatte vorher viele Wagemutige mit seinem Blick erledigt. Doch der Verurteilte behängte sein Gewand mit Spiegeln und trug auch einen Spiegel als Schild. Der Basilisk ist heute eines der sieben Memminger Wahrzeichen. Ebenso schildert eine bekannte Sage aus Wien, dass im Brunnen des Hauses Schönlaterngasse 7 im Jahr 1212 ein Basilisk hauste. Ein Bäckerjunge bemerkte das Ungeheuer. Er stieg mit einem Spiegel in den Brunnen und hielt diesen dem Drachentier vors Gesicht, worauf der Basilisk zu Stein wurde. Eine etwas weniger heldenhafte Variante der Sage berichtet, wie das Mischwesen im Brunnen erstickte, weil die Bevölkerung Erde und Steine hinabwarf.

Trotz aller Deutungsversuche bleibt der Basilisk erklärungsbedürftig. Er gehört zum vielschichtigen Thema der Drachenschlange, die mehrfach im Raum Basel vorkommt. So berichtet eine Sage von Allschwil, dass im Wald ein Drache den Brunnen mit dem Wasser des Lebens hütete. Der Ritter Georg tötete dann das Wächtertier. Diese Szene ist am Portal des Basler Münsters zu sehen. Im Münster selbst entdeckte man bei Renovationsarbeiten im Fussboden eine Steinplatte aus dem 12. Jahrhundert, worauf ein wunderbarer Drache zu erblicken ist. Und nicht zuletzt möchte ich auf den bekannten Vogel Gryff der Kleinbasler Ehrengesellschaft hinweisen. Dieses Mischwesen aus Vogel und Schlange ist mit den weiteren Ehrenzeichen Löwe und Wilder Mann vergesellschaftet.

Gibt es somit auch eine andere Erklärung des seltsamen Tieres? Der Gerberbrunnen liegt genau im Birsigtal zwischen dem Münsterhügel und der Peterskirche. Im Tal floss einst der Birsig offen hindurch (heute nur noch unterirdisch); er mündet bei der Schiffländе in den Rhein. Der Basilisk im Brunnen erinnert dabei an die Drachenschlange, die gleichsam eine Versinnbildlichung des Birsig darstellt. Der Fluss wurde wie so oft mit einem Wesen identifiziert. Er ist eine Art Tierperson: Flusswasser und Drachenschlange sind identisch. Bei vielen Völkern ist der Fluss ein Tierwesen oder verkörpert in einer Gestalt halb Mensch und halb Tier. Erinnert sei nur an die zahlreichen Nixen und Wasserfrauen oder an Mutter Ganga in Indien, die als Verkörperung des Ganges erscheint: eine wunderbare Frau mit Schlangenkörper. Auch bei unseren Vorfahren in Europa herrschte diese animistische Naturbetrachtung. Entsprechend verkörpert der zweite Basilisk, die Drachenschlange im Basler Münster vor dem Chor auf der Steinplatte, den Lebensfluss Rhein, der hier mit seiner Biegung eine aussergewöhnliche Landschaft formt. Beide, Birsig und Rhein, sind mit ihrer Wasserkraft die Lebensadern des Ortes.

In diesem Zusammenhang ist es bedeutsam, dass auch in der Region Basel ein Bursche in eine Höhle hinabstieg, gleich dem Bäckerjungen in Wien. Er hiess Leonhard und hatte anstatt eines Spiegels eine geweihte Kerze bei sich. In der Unterwelt trifft er eine schöne Jungfrau mit menschlichem Leib bis zum Nabel, auf dem Haupt trägt sie eine goldene Krone, unten besitzt sie jedoch einen Schlangenkörper. Sie und ihr schwarzer Hund bewachen einen Schatz aus Silber und Gold. In dieser Erzählung ist also nicht von einem Basilisk die Rede, sondern von einer Schlangenfrau – einer sehr alten Verkörperung der Flüsse und Landschaft. Glücklicherweise kennen wir sogar ihren Namen. Denn an Basel angrenzend erstreckt sich das Jura-Gebirge. In dieser Landschaft wohnt die geheimnisvolle «Tante Arie» in Höhlen und Grotten. Sie besitzt Schätze der Unterwelt und kann sich in eine Drachenschlange verwandeln. Sie erscheint auch als Fee mit Tierfüssen. Diese Arie war eine Grosse Göttin der Region, eine Landschaftsahnin, die im Keltischen Aericura genannt wurde. Damit haben wir das Rätsel um den Basilisk im Gerberbrunnen etwas klären können. Denn vor uns erscheint mit der Ahnfrau Arie das Urbild der Drachenwesen im Raum Basel.

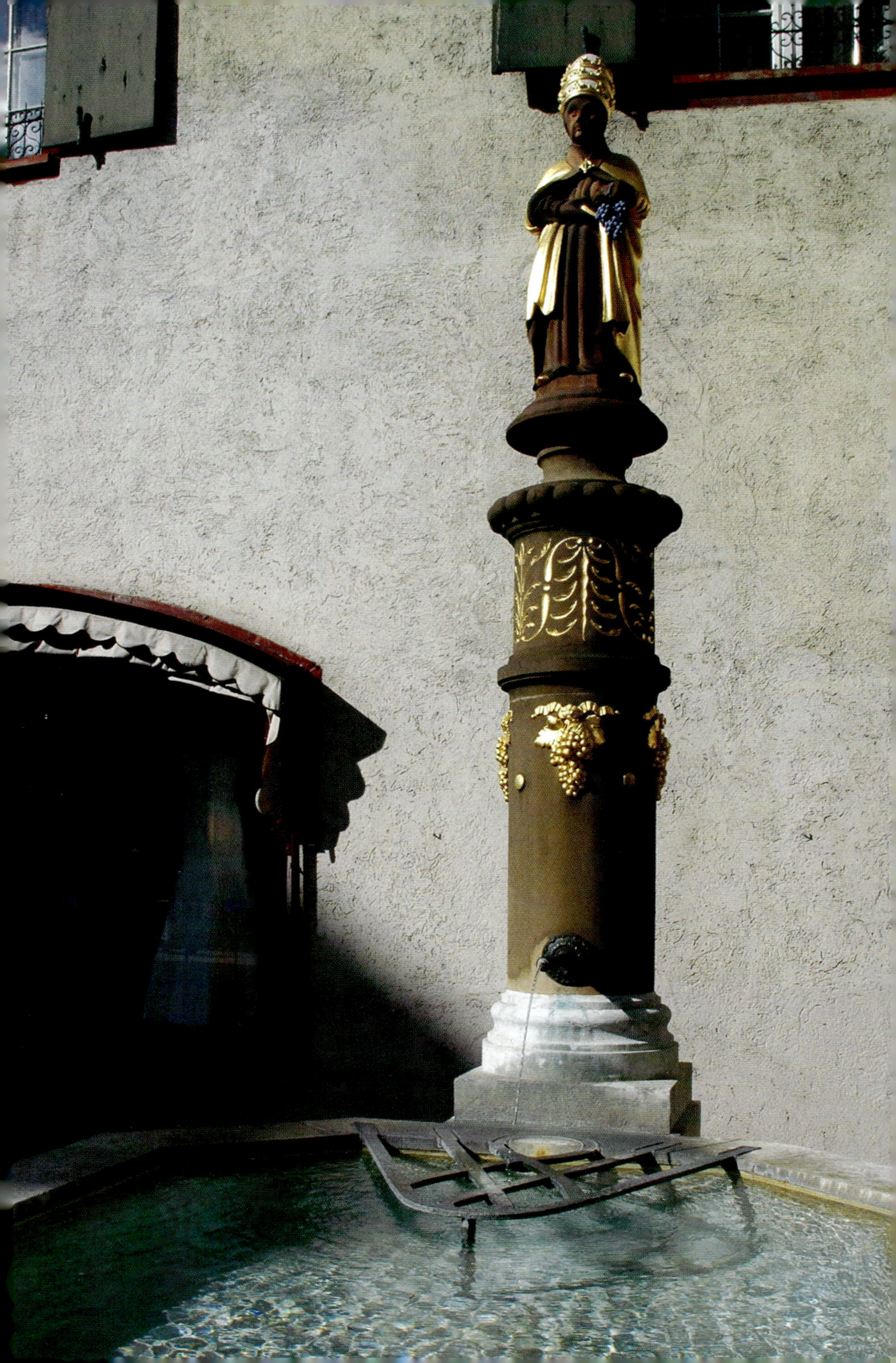

Maibrauch am Urbansbrunnen

Am Blumenrain zwischen Schifflände und Universitätsspital in der Basler Altstadt liegt direkt am Rhein der Urbansbrunnen. Er besitzt einen Brunnentrog von 1874 und eine Urbanstatute. Der Heilige geht auf den Bischof Urban von Langres und Autun (Frankreich) zurück und nicht auf den Papst Urban I. Eine Legende besagt, er sei um 375 gestorben und habe sich auf der Flucht in einem Weinberg hinter einer Rebe versteckt, was ihn zum Schutzpatron von Winzern und Weinbergen gemacht habe. Eine andere Legende sagt, er sei um 450 gestorben und habe die Gabe gehabt, über den Regen zu gebieten. Folglich versprachen sich die Weinbauern einen gewissen Nutzen von ihm als Schutzpatron, hinter dem wohl ein alter Wetter- und Vegetationsgott steht. So war die Rebe auch ein Attribut des Bacchus oder des Dionysos.

Jeweils am 25. Mai schmückte man den Heiligen mit Blumen und legte ihm ein violettes Kleid aus Samt um – genau wie den römischen und griechischen Göttinnen. Man befestigte ferner künstliche Arme an der Statue, damit Urban zwei Glas Wein halten konnte. In seiner rechten Hand hielt er ein Glas mit Rotwein, in die linke gab man ihm ein Glas mit Weisswein. Man sagte, dass es ein gutes Weinjahr werde, wenn es am Urbanstag nicht in die beiden Gläser hineinregne. Heute wird der Brunnen am 25. Mai jeweils von Rebleuten feierlich geschmückt, allerdings ohne die beiden Weingläser in den Händen. (www.altbasel.ch)

Urbansbrunnen mit den wunderbaren
Reben. Basler Altstadt.

Arlesheim –
Eremitagequelle der Odilie

Nicht weit von Basel, wenige Kilometer im Süden der Stadt, liegt Arlesheim zwischen der Birs und dem Gempenberg. Der Ort ist von Basel aus entweder mit der S-Bahn-Linie 3 oder mit der Tramlinie 10 in zwanzig Minuten erreichbar. Sehenswert ist der Arlesheimer Dom, worin eine schöne Statue der hl. Odilie steht. Auf dem Vorplatz sprudelt der Dombrunnen. Besonders bekannt ist die Eremitage, die nur zehn Minuten Fussweg vom Dom entfernt liegt.

Die Eremitage ist ein verborgenes, kleines Tal, das in sich abgeschlossen ist. Schon auf dem Weg zum Eingang fliesst uns der Talbach entgegen. Ein Felsentor bildet eine Art Einlass, oberhalb der Felsen thront das Schloss Birseck. Auch geschichtlich ist die Stätte höchst interessant. Ein paar Schritte vom Felsentor entfernt entdecken wir die Eremitage-Höhle, dazu kommen der Hohle Felsen und die Hollenberg-Höhlen. Unter anderem fand man dort Skelette, Werkzeuge, Mahlsteine, Schmuck und seltsam bemalte Steine aus der Frühgeschichte.

Nach dem Eingang in die Eremitage öffnet sich ein langgezogenes, ovales Tal, ein lieblicher Landschaftsgarten, worin drei wasserreiche Weiher ruhen. Ein vollständiger Rundgang dauert etwa zwei Stunden, jedoch finden die Menschen hier vor allem Erholung. Die kleinen Seen, der Bach und die grüne Vegetation bilden in diesem Naturraum eine eigenartige Stimmung und Harmonie. Die Gemeinde Arlesheim beschreibt es so: «Die Eremitage ist als Spazier- und Gedankengang ein eindrücklicher Landschaftsgarten, ein Naturschutzgebiet, für einige ein spirituelles Erlebnis und für alle ein mythischer Ort, der seine eigene Geschichte hat.» Diese Geschichte ist recht wechselhaft. Denn erst seit 1785 ist diese Wasserlandschaft ein Garten. Natürliche Höhlen und Gewässer waren schon vorhanden, bevor die ganze Eremitage zu einem Park nach englischem Vorbild umgestaltet wurde. Vorbild war unter anderem die fast zeitgleich umgebildete Verenaschlucht bei Solothurn, die im romantischen Stil von einem französischen Emigranten in Auftrag gegeben wurde. Heute ist die Arlesheimer Eremitage der grösste englische Landschaftsgarten der Schweiz.

Initiiert haben den Park Balbina von Andlau-Staal und ihr Cousin Domherr Heinrich von Ligerz. Der Garten wurde ein Anziehungspunkt für Reisende aus ganz Europa, die hier auf dem Weg nach Basel Halt machten. Geschätzt wurden die schöne Natur mit den Felsenklippen

Die Eremitage bei Arlesheim mit den drei kleinen Seen.

Die heilige Odilie mit der Augenschale in der Hand. Statue im Dom von Arlesheim.

124 | *Arlesheim – Eremitagequelle der Odilie*

sowie die Höhlen und Weiher. Doch die Umgestaltung hatte auch Ausgefallenes zu bieten: Einen künstlichen Wasserfall, eine Eremitenklause, eine Dianagrotte, eine künstliche Turmruine «Temple de l'amour», eine Apollogrotte, eine Hängebrücke und die «Proserpinagrotte» – die Hauptattraktion des Gartens. In dieser konnte man flanieren und in den beleuchteten Gängen einen Altar, Monster, Drachen und ein Krokodil entdecken. Das Zentrum der Anlage wurde 1787 das «Chalet des Alpes», eine echte Sennhütte, deren Saal für Konzerte, Tanz und Bankette genutzt wurde. Doch mit dem Flanieren war es 1792 Schluss. Im Zuge der französischen Revolution steckte das einheimische Volk Teile der Eremitage in Brand. Die einmarschierenden französischen Truppen gaben ihr dann 1793 den Rest. Balbina ging nach Freiburg ins Exil und starb dort 1798. Ab 1812 unternahm man schrittweise einen Wiederaufbau, doch blinde Zerstörungswut hat vieles endgültig vernichtet.

Trotzdem ist die Wasserlandschaft geblieben, und auch die Mythologie des Ortes kann aufgezeigt werden. Denn Arlesheim und die Eremitage sind unmittelbar mit der heiligen Odilie verbunden. Ihre Hauptverehrungsorte sind der Odilienberg im Elsass, St. Ottilien bei Freiburg im Breisgau und Arlesheim. Auf dem Odilienberg fliesst ihre Heilquelle, ebenso in St. Ottilien. Und auch in Arlesheim ist das Wasser der Eremitage eigentlich ihr geweiht. Für viele entspricht Odilie dem Ortsgeist (Genius loci), doch besitzt sie auch eine Kulturgeschichte, da hinter der Heiligen wie so oft eine vorchristliche Ahnfrau steht. So erscheint sie im Dreifrauenkult von Basel, wo sie mit den beiden Heiligen Margaretha und Chrischona eine mythische Triade bildet. Der Tüllinger Hügel bei Riehen, auf dem Odilie eine Kapelle besitzt, ist ihr Höhenheiligtum.

Die offizielle Geschichtsschreibung lässt Odilie 660 im elsässischen Obernai zur Welt kommen und 720 im Kloster Niedermünster bei Odilienberg sterben. Sie ist Tochter des Herzogs Eticho und seiner Frau Bereswinde. Da sie blind geboren worden sei, wollte sie der Vater umbringen lassen. In Frankreich, im Kloster von Baume-les-Dames, findet sie Unterschlupf. Durch die Taufe eines Bischofs soll sie sehend geworden sein. Sie kehrt darauf zu ihren Eltern ins Elsass zurück. Doch sie muss bald wieder fliehen, weil ihr Vater sie verheiraten möchte. Sie aber will Nonne werden. Auf ihrer Flucht gelangt sie nach Arlesheim, nähert sich der Eremitage, wo sich wunderbarerweise die Felsen öffnen und Odilie verbergen. Ihr Vater kann sie daher nicht finden, er muss die Verfolgung aufgeben. Später versöhnen sich die beiden, und Odilie erhält Besitztum auf der Hohenburg im Elsass, d.h. den späteren Odilienberg. Soweit die halb historische und halb legendenhafte Geschichte.

Wie schon erwähnt, steht hinter der Odilie eine mythische Ahnfrau. Diese ist mit Quellen, Flüssen, Steinen und Bergen verbunden, die als ihre Erscheinungsformen gelten. Und wie steht es in Arlesheim? Im Dom steht eine Odilienstatue, die in der Hand ihre Augen hält – das

Domplatzbrunnen in Arlesheim. Einer der vielen Brunnen der Gegend.

Arlesheim – Eremitagequelle der Odilie

Symbol der Heiligen. Diese «Augen» erblicken wir auch in der Natur, nämlich die drei Weiher in der Eremitage. Die Seelein entsprechen den «Augen» der Landschaftsahnin, und auch die Gartenanlage selbst ist ihr geweiht. Denn das Wassertal hat eine charakteristische Form: es ist ein weibliches Schosstal, worin das Wasser des Lebens als «Augenwasser» vorkommt. Diese Erklärung einer körperbezogenen weiblichen Landschaft verdeutlicht eindrücklich, warum sich die Felsen vor Odilie in Arlesheim öffnen und schliessen und warum sie das «Augenlicht» (Quelle) erlangt. Besonders bewundernswert sind die «Augen» der Ocilie auf dem Odilienberg. Nebst einer Heilquelle sammelt sich das Wasser auf den rötlichen Steinen in ovalen Becken, die wie (Schoss)-Augen der Landschaft erscheinen. In der Eremitage ist dies ganz ähnlich, nur in einer viel grösseren Dimension.

Domplatzbrunnen

Die Quelle für das Wasser der Arlesheimer Eremitage entspringt oberhalb der Weiher. Dort im Wald ist auch ihr Einzugsgebiet für den Landschaftsgarten. Sie gehört der Domplatzbrunnengesellschaft und versorgt vierzehn Brunnen im Dorf. So zum Beispiel den Domplatzbrunnen. Aus diesem sprudelt am meisten von dem begehrten Wasser. Seit Jahren kommen Leute zum Brunnen, waschen sich Hände und Gesicht und füllen das Wasser in Gefässe ab. Eine lokale Zeitung schreibt dazu: «In Arlesheim, wo Odilia einst Zuflucht in einer Höhle gefunden haben soll, gibt es keine Quelle, die mit Odilie unmittelbar in Verbindung gebracht wird, obschon im besagten Höhlengebiet mehrere Quellen vorhanden sind. Bemerkenswert ist jedoch, dass es in Arlesheim inzwischen an der Tagesordnung ist, dass viele Menschen ihr Trinkwasser aus einem, wie sie glauben, besonders ‚guten' Brunnen unweit des Domes entnehmen.» Der am häufigsten aufgesuchte Brunnen ist derjenige beim ehemaligen Bad Hof auf dem Parkplatz hinter dem Dom. Täglich füllen viele Besucher das Wasser in Gefässe. Auch zwei Kliniken sollen ihr Tafelwasser am Hofbrunnen schöpfen.

Baden –
Heilwasser der Verena

Baden im Kanton Aargau liegt westlich von Zürich zwischen Brugg und Wettingen. Die Stadt befindet sich in einem Felsental (Klus), in welches die Limmat hineinfliesst, eine markante Biegung nach Westen macht und dann die Klus Richtung Windisch und Rhein verlässt. Vom Bahnhof Baden ist man zu Fuss in wenigen Minuten beim Thermalbad. Die Beschilderung «ThermalBaden» ist unübersehbar. Der Badeort selbst liegt genau im Kniebogen der Limmat am Kurplatz.

Das Bad verfügt über 19 Quellen. Das heisse Wasser gelangt aus einer Tiefe von über 1000 Metern mit 47 °C an die Erdoberfläche, wo es im Thermalbad auf 36° abgekühlt wird. Das Badener Wasser ist das mineralreichste Thermalwasser der Schweiz. Das Volumen aller Quellen beträgt etwa eine Million Liter pro Tag. Bis heute sind noch nicht alle Geheimnisse um das Wassersystem gelöst, jedoch weiss man, dass die Quellen eng zusammenhängen. Eingriffe bei den einzelnen Quellfassungen wirken sich sofort auf die anderen aus.

Limmat und Bäderbezirk von Baden mit den heissen Thermen.

Gemäss einer Sage soll die Entdeckung der Quellen in die keltische Zeit zurückgehen. Um das Jahr 58 vor Christus fand ein junger Hirte seine Ziege, die sich verirrt hatte, an einem Felsen vor, aus dem heisses Wasser floss. Zuhause wartete seine gelähmte Frau. Er nahm sie am nächsten Tag mit, um sie in der Quelle zu baden. Auf wundersame Weise soll sie geheilt worden sein. Der Bericht ist jedoch historisch nicht gesichert. Möglicherweise schrieb man ihn erst in späterer Zeit, um eine Erklärung zu geben. Dass aber die Quelle schon in (vor)keltischer Zeit eine Bedeutung hatte, darf als gesichert gelten. Denn die Römer, die im 1. Jahrhundert nach Helvetien kamen, bauten das Bad auf einer bestehenden Quelle. Sie nannten den Ort *Aquae Helveticae*. Der römische Historiker Tacitus schreibt, dass im Jahr 69 die in Vindonissa (Windisch) stationierte 21. Legion einen «Ort häufig besucht wegen des angenehmen Gebrauchs der heilsamen Wasser». Gemeint sind die Thermen von

Brunnen beim Badener Kurplatz, wo in der Nähe der Heisse Stein liegt.

Baden – Heilwasser der Verena

Baden. Ein weiterer Badeort war Yverdon, hinzu kamen Leukerbad, Pfäfers, Scuol und Alvaneu. Dennoch blieb Baden am beliebtesten.

Zentrum ist der schon erwähnte Kurplatz. Bis ins 19. Jahrhundert war er durch zwei offene, teilweise aus römischer Zeit stammende Thermalwasserbecken geprägt. Es waren dies das Verena- und das Freibad. Heute noch sieht (und fühlt) man den «heissen Stein» – einen grossen Findlingsblock, der eine der ergiebigsten Quellen zudeckt.

Mit dem Verenabad war ein alter Brauch verbunden. Wünschte sich eine Frau ein Kind, ging sie jeweils am Abend ins leere Bad und hielt ihren Fuss dort hinein, wo das Wasser aus der Quelle floss. Man nannte diese Stelle unverhohlen das «Verenenloch», also den Erdschoss der Ahnfrau. Dieses Ritual sollte zur Schwangerschaft verhelfen. Die Frauen empfingen somit von der hl. Verena, hinter der zweifellos eine vorchristliche Quellgöttin steht. In Zurzach gingen die Frauen zum Grab der hl. Verena, um Kindersegen zu erbitten. Dort existierte ebenfalls eine Heilquelle, früher sogar ein alter Kultstein, der als Ahnenstätte diente. In Baden stand im Verenabad eine Steinsäule, auf der die Statue der Verena zu sehen war. Andere sagen, es sei die Figur der ägyptischen Göttin Isis gewesen. Interessant ist dabei folgendes: auch die hl. Verena soll gemäss der Legende aus Ägypten stammen. Die Isisverehrung ist in Baden vor etwa 2000 Jahren belegt. Eine Inschrifttafel entdeckte man Mitte des 16. Jahrhunderts bei der Dorfkirche in Wettingen. Eine Kopie befindet sich heute im Historischen Museum Baden, während das Original im Vorraum der Wettinger Pfarrkirche St. Sebastian eingemauert ist. Die Inschrift lautet: «Der Göttin Isis (Deae Isidi) hat Lucius Annusius Magianus den Tempel von Grund auf für die Dorfbewohner von Baden errichtet, zu dessen Ausschmückung Alpinia Alpinula, seine Gattin, und Peregrina, seine Tochter, 100 Denare gegeben haben. Der Platz (zur Aufstellung der Inschrift) wurde auf Beschluss der Dorfbewohner gegeben.»

Die Statue der Verena/Isis im Badener Bad wurde jeweils am 1. September (Verenatag) feierlich geschmückt. Alte Abbildungen zeigen sie mit Krug und Kamm sowie mit der Brautkrone auf dem Haupt. Die Brautkrone war früher ein Geflecht aus Wiesenblumen. Junge Mädchen im Schwarzwald und im Aargau trugen sie bis zur Heirat, dann brachten sie die Krone der Verena in Zurzach dar, deren Grab in der Krypta des Münsters zu finden ist.

Statue der hl. Verena auf dem Dach des Badener Verenahofes.

    Wie wir oben gesehen haben, soll der Quellort Baden von einem Hirten entdeckt worden sein. Jedoch berichtet eine andere Sage, dass die Heilquellen unter dem Schutz dreier weisser Frauen standen, die das Wasser fliessen oder unterbinden konnten – je nachdem es geachtet wurde oder nicht. In diesem Sinn sind die drei weissen Frauen die ursprünglichen Schenkerinnen der Quellen.

📖 **Die drei weissen Frauen von Baden** Einst standen die Heilquellen Badens unter dem Schutz dreier weisser Frauen. Wo sie wohnten, wusste man nicht, doch sagte man, dass das alte Schloss «zum Stein» ihr Wohnsitz gewesen sein soll. Selten sah man sie zu Gesicht, obwohl sie besonders während der Badezeit fast immer in Baden anwesend waren. Dort führten sie eine strenge Aufsicht über die Bäder. Wo sie eine Unreinlichkeit sahen, oder sonst etwas nicht in Ordnung war, blieb auf ihren Befehl das Wasser aus und fing erst dann wieder an zu fliessen, wenn der Schmutz entfernt war. Ihre grösste Aufmerksamkeit widmeten sie jedoch dem Verenenbad, das von der heiligen Verena, die hier badete, seinen Namen hat, das man aber früher nur das Verenenloch nannte. Dort liessen sie derart heilkräftiges Wasser fliessen, dass schwangere Frauen oder solche, die ein Kind begehrten, wenn sie dort badeten, bald eines zur Welt brachten. Auch Kinder, die krank waren, machte das Wasser bald gesund. Wem sie aber die Huld ihres Anblickes schenkten, der wurde in seinem Leben nie wieder krank. Die drei weissen Frauen, die überaus schön waren, nannte man die drei Marien.

Hinter den «drei Marien» bzw. den älteren «drei weissen Frauen» steht eine Wasser- und Erdgöttin, die in einer mythischen Dreiheit erscheinen kann. Man nennt sie in den Sagen die drei Schwestern oder im Märchen die drei Spinnerinnen. Es handelt sich um die drei Schicksalsgöttinnen, die in Griechenland Moiren, in Rom Parzen, in Nordeuropa Nornen oder bei den Kelten Bethen hiessen. Oft spinnt eine von ihnen den Lebensfaden, eine bemisst diesen, während die dritte Schicksalsfrau den seidenen Faden durchschneidet. Und so wie die drei geheimnisvollen Beschützerinnen das Lebensschicksal eines Kindes bestimmten, schenkten sie in Baden den Frauen die kleinen Kinder aus dem Wasser des Lebens. Ebenso steht unsere Verena/Isis in dieser mythischen Tradition aus mutterrechtlichen Zeiten.

Somit gehören die Badener Heilquellen ganz in den Bereich der «drei weissen Frauen». Diese Quellgöttinnen kommen nicht nur in Baden vor, sondern auch beim nahen Hertenstein soll ein Aufenthaltsort der «drei Jungfrauen» gewesen sein. Und sogar ein Badener Kinderreim nimmt auf sie Bezug. Sie erscheinen als Schöpferin (Seidenspinnerin), Bemesserin (Schnetzlerin) und Wandlerin (Schnitterin):

Badener Kinderlied

Rite, rite Rössli,	Reite, reite Rösslein
Z'Bade stoht e Schlössli,	Zu Baden steht ein Schlösslein
Z'Bade stoht e güldi Hus,	Zu Baden steht ein goldenes Haus
Es lueged drei Mareie drus.	Es schauen drei Marien heraus
Die eint spinnt Side,	Die eine spinnt Seide
Die andere schnützelt Chride,	Die andere schnetzelt Kreide
Die dritt schnit Haberstrau,	Die dritte schneidet Stroh
B'hüet mir Gott das Chindle au!	Behüte Gott das kleine Kind!

Im Thermalbad selbst erinnert leider keine Tafel an die drei mythischen Besitzerinnen der Quellen. Und auch vom Verenaloch ist nichts mehr zu sehen. Jedoch in der Badener Altstadt entdecken wir an einer Hauswand eine Malerei mit den «drei Marien». Sie erscheinen als drei Mädchen mit ihren Symbolen Spinnrad, Faden, Stroh und Kreide, wie es das Kinderlied erwähnt.

Das alte Verenabad mit der Bildsäule am Badener Kurplatz.

Reiseziel Thermalbad

Im 15. und 16. Jahrhundert blühte das Bäderwesen. Die Badekur war eher ein gesellschaftlicher Anlass, weniger ein medizinischer. Das Bad war Jungbrunnen, Heiratsmarkt und Vergnügungsort zugleich. Der Chronist Johannes Stumpf berichtet 1541: «Gleich unterhalb der Stadt Baden, auf beiden Seiten des Wassers, entspringen warme Brunnen mit starkem Schwefeldampf. Auf der rechten Seite, den Kleinen Bädern, hat es etwas weniger Bäder, aber lustige Herbergen und Häuser, wie ein Dorf. Zu allen Zeiten kommt viel Volk hieher und da wird nichts unterlassen, was der Wohllust des Leibes dient.» Auch als Tagsatzungsort der Eidgenossenschaft (1421–1712) diente der Kurort. Beim lockeren Badeleben besänftigten sich die erhitzten Gemüter. Denn man kam nicht nur der Gesundheit wegen nach Baden zur Kur.

Der Florentiner Reisende Poggio Bracciolini (1380–1459) schreibt 1416 unverblümt von seinem Besuch: «Pro Tag drei oder vier Mal betritt man das Bad, bringt darin den grössten Teil des Tages zu, teils mit Singen, teils mit Trinken, teils mit Reigentänzen; sie machen nämlich auch im Wasser Musik, wenn sie sich dort ein wenig niederlassen... In diesen einfachen Bädern geht ein promiskuitives Treiben vor sich: Männer und Frauen, Buben und Mädchen; zwar gibt es eine Trennwand zwischen den beiden Geschlechtern, doch mit Leichtigkeit lässt sich ins andere Lager schauen. Ob alte faltige oder junge Frauen, in aller Öffentlichkeit entblössen sie sich vollkommen nackt. Du kannst die Schenkel und den ganzen Rest sehen.»

Baden war ein schillernder Treffpunkt für noble Damen und Herren, päpstliche Gesandte, Zürcher Bürgermeister, Haudegen und Bettler. Aber auch ein Ort der Erholung und Genesung. Die öffentlichen Gemeinschaftsbäder auf dem Kurplatz sowie das Schröpfbad am rechtsufrigen Bäderplatz dienten den Kranken aller Schichten. Reformation und Gegenreformation haben die Gewohnheiten verändert und die Regeln der öffentlichen Moral verschärft. Doch die Bäder haben ihre Faszination beibehalten.

Bern – Der Glasbrunnen im Bremgartenwald

Der Bremgartenwald im Westen Berns ist ein viel benutztes Naherholungsgebiet des Länggassquartiers. Er gehört mehrheitlich der Berner Burgergemeinde, die auch für die Waldpflege zuständig ist. Im 580 ha grossen Wald findet man zahlreiche Spazierwege und viele Pflanzenarten. Die intensive Erholungsnutzung bringt aber auch Unliebsames in den Wald: einen störenden Verkehr und nur noch wenige Ruhezeiten für Mensch und Tier. Mitten im Wald befindet sich ein schöner Brunnen mit einem klaren Wasser. Der inzwischen berühmte Glasbrunnen am Glasbach wird schon im Mittelalter erwähnt. Der Name deutet vermutlich auf das Vorhandensein einer Glashütte hin. Für viele Berner ist das Wasser ein Begriff für Gesundheit geworden. Am Brunnen füllen Jung und Alt das sprudelnde Wasser in Plastikflaschen ab, um es daheim zu geniessen. Dies soll das Wohlergehen befördern. Das bunte Treiben ist allerdings erst in den letzten Jahren so richtig aufgekommen. Für die einen ist es normales Wasser, für die anderen ein mit Aura behaftetes Heilgetränk eines Kraftortes. Ist der Glasbrunnen somit ein altüberlieferter

Der Glasbrunnen im Bremgartenwald bei Bern.

Wasserort, der bis in die Keltenzeit zurückreicht? Leider sind die Nachrichten nur spärlich. Wahrscheinlich liegt hier ein interessantes Beispiel eines modernen Quellenkultes vor.

Aus naturwissenschaftlicher Sicht ist die Sache erledigt. Die jüngste Analyse aus dem Kantonslabor lautet: «Das Wasser ist einwandfrei. Beweise für eine Heilkraft des Wassers liegen nicht vor. Das Wasser enthält keine besonderen Mineralien – es ist nicht gechlort. Das ist alles.» Dieses nüchterne Ergebnis ist verständlicherweise etwas enttäuschend, vor allem für diejenigen Brunnengänger, die an den magischen Ort glauben. Denn immer wieder lesen wir: «Magisch sei es hier, und der Genuss des Wassers steigere das Wohlbefinden. Täglich füllen viele ihre mitgebrachten Flaschen – notabene meist aus schnödem Plastik – mit dem Brunnenwasser: Rentner, Spaziergängerinnen, Spiritualisten. Das Wasser vom Glasbrunnen ist ganz anders als dasjenige aus dem Hahnen daheim... frisch, bekömmlich, lebendig eben.» (Götti) Vielleicht ist es also doch ein besonderes Wasser? Der Sagenerzähler Sergius Golowin war jedenfalls dieser Meinung. Er erwähnt den Glasbrunnen in Zusammenhang mit dem Osterwasser:

Das Osterwasser Als besonders heilkräftig und segenbringend gelten die Wasser der Quell- und Bergbäche, wenn das Eis der Alpen zu schmelzen beginnt und die ganze Umwelt der Menschen sich verjüngt und erneuert. Gerade auf dem berühmten, heutzutage leider stark überbauten Bödeli zwischen Thuner- und Brienzersee, war einstmals das Holen des Frühlingswassers gang und gäbe. Aber nicht bloss dort pflog man den schönen Brauch. So kannten ihn auch Kinder aus alten Berner Geschlechtern, die bei ihrer Suche nach dem Osterwasser vor allem zum Glasbrunnen im Bremgartenwald gegangen sein sollen. Man musste, so heisst es, am Ostertage vor Sonnenaufgang losziehen, ja, noch vor diesem wieder daheim sein. Beim Gang zu Brunnen oder Quellen durfte man nie zurückblicken und mit keinem Menschen ein Sterbenswort sprechen. Ruhig musste man das Wasser in sein Gefäss schöpfen und dann sogleich, wiederum ohne auf Mensch und Tier zu achten, heimzu streben. Das richtig gewonnene Osterwasser sollte, wenn man es sorgfältig trank, Gesundheit bringen. Früher sollen es die Bauern sogar unter den österlichen Frass ihres Viehs gemischt oder tropfenweise in den Ställen versprizt

Das Wasser des Glasbrunnens gilt als heilkräftiges Osterwasser.

haben. Nach der Sage hat das Osterwasser besondere Kraft. Wer sich am Ostersonntag im fliessenden Bache wäscht, bleibt immer jung und schön. Das Osterwasser heilt Wunden, Augenkrankheiten, Kopfschmerzen, Flechten, Krätze, Sommersprossen und alle Hautübel.

Auch einige Legenden, die im Berner Stadtarchiv nachzulesen sind, ranken sich um den Glasbrunnen: Bei ihm sei das Schloss des Ritters Nägeli gestanden, worin seine wunderschöne Tochter gewohnt habe. Diese soll in ihrem Leben drei Schultheisse geheiratet haben – alles Nachfolger im Amt ihres Vaters. In Vollmondnächten soll man die Schöne sehen, wie sie am Brunnen ihre drei glänzenden Hochzeitsbecher wäscht. Ausserdem erfüllen sich Frauen durch eine Spazierfahrt im Mondschein zum Glasbrunnen ihren Kinderwunsch. Dies ist ein Ritual, das in der Volkstradition vielfach überliefert ist. Und sogar einen Berner Staatsmann Hans Franz Nägeli hat es gegeben. Im 16. Jahrhundert war er fast dreissig Jahre Schultheiss von Bern. Den Liebeszauber um den Brunnen erklärt sich Golowin allerdings folgendermassen: Ehepaare hätten sich im tiefen Wald wieder einmal wie ein junges Liebespaar aufgeführt, oder – wenn die Dame allein unterwegs gewesen sei – hätte der Kutscher ausgeholfen. Für diese Vermutung gibt es jedoch keine Beweise.

    Eine fast vergessene Sage berichtet der Volkskundler Ernst L. Rochholz im 19. Jahrhundert in seinem Buch «Naturmythen». Dort lesen wir an einer Stelle: «Im Walde Bremgarten, der zur Stadt Bern gehört und eine grosse Halbinsel an der Aare macht, liegt der wegen seines Quellwassers von Spaziergängern viel besuchte Glasbrunnen. Das zunächst im Boden anstehende Grundgemäuer deutet man auf ein einstiges ›Jagdschlössli‹. Die Wilde Jagd geht mit grossem Halloh um Ostern und Weihnachten hier durch. Der Jäger schleppt in grüner Schürze Geld zum Austeilen mit, seine Hunde sind dreibeinig. Allein zugleich spült dann eine Jungfrau in alter Landestracht Schüssel und Geschirr am Brunnen, alles pures Gold und dem zu eigen, der sie erlöst.»

Sollte die Stelle bei Rochholz einen volkskundlichen Hintergrund besitzen, gehört der Glasbrunnen zum Thema der Schätze hütenden, weissen Frau, die in mythologischer Hinsicht an eine Landschaftsahnin erinnert. Später wird aus ihr eine Art «Ortsgeist», der im christlichen Sinn auf Erlösung wartet. Zudem wird die mythische Ahnfrau mit der historischen Tochter des Schultheissen Nägeli verbunden, die nun ihrerseits Kenntnisse im Liebeszauber besitzt. Von Bedeutung sind auch die Hinweise auf jahreszeitliche Rituale, so auf Ostern und Weihnachten. Damit steht der Glasbrunnen im Licht der Wintersonnenwende und des Frühlings. Früher nannte man die Zeit der Wintersonnenwende in Nordeuropa Modranicht «die Nacht der Mütter». Dabei handelt es sich um die drei Schicksalsfrauen, die den Menschen Glück und Gaben schenken. In diesem Sinn dürfen wir die «Jungfrau in alter Landestracht» mit ihrem Gold sehen. Sie ist offenbar nicht nur Mittwinterfrau, sondern auch junge Frau des Frühlings (Ostern), die ihre Gaben einem männlichen Partner überreicht. Dadurch soll die Landschaft wieder erblühen. Ebenso besitzt das Osterwasser, das Quellwasser der Jungfrau, diese vitale Eigenschaft der Verjüngung.

Es gibt aber auch eine ganz unmythologische Seite des Glasbrunnens. So werden heute am Ort «Happenings» veranstaltet. Hundehalter benützen ihn als Waschbecken für ihre lieben Tiere, und findige Personen brauen Bier mit dem Wasser. Bei all dem Rummel um den lieblichen Brunnen im Bremgartenwald ist zu hoffen, dass der Quellplatz weniger ein Kraftort, sondern wieder ein Ort der Ruhe wird. Ein Verehrer des Glasbrunnens bringt es auf den Punkt: «Man spürt Ruhe und Frieden an diesem Ort, selbst wenn dies am Glauben liegt und das Wasser keine Wunder wirkt.»

**Lenk – Simmenquelle
im Berner Oberland**

Die Quelle der Simme ist einer der beeindruckendsten Wasserorte im Berner Oberland. Die Bahn fährt direkt nach Spiez, wo ein Anschluss nach Zweisimmen gewährleistet ist. Von dort aus ist es nur noch eine kurze Bahnstrecke nach Lenk. In Lenk ist der Weg zum Ort der «Simmenfälle» gut beschildert. Entweder nimmt man den Bus dorthin, oder zu empfehlen ist der Fussweg. Vom Restaurant «Simmenfälle» führt der Weg entlang der Wasserfälle hinauf. Bald erblicken wir die zahlreichen Kaskaden des Sturzbaches. Das gurgelnde und schäumende Wasser, das Rauschen und Tosen fügen sich zu einem einmaligen Erlebnis zusammen. Weiter geht es bergan Richtung Rezliberg: eine wunderschöne Alpwiese, die den Blick auf die Simmenquelle (Sibe Brünne) freigibt. Der Quellort zieht einen in Bann, und man hat den Eindruck, vor einer verzauberten Landschaft zu stehen. Das aus dem Fels austretende Wasser ist Schmelzwasser des zwischen Wildstrubel und Rohrbachstein liegenden Gletschers. Die unterirdischen Wege sind nicht bekannt, das Wasser fliesst aber entlang von Klüften und Spalten im Gesteinskörper. Im Sommer rauschen bis 2800 Liter pro Sekunde hervor.

Simmenfälle auf dem Wanderweg zur Simmenquelle.

Simmenquelle (Siebenbrunnen) der Flur Rezliberg bei Lenk, Berner Oberland.

Ein weiterer Quellort in Lenk ist das Gebirgsmassiv der Wildhornkette. Dort entspringen verschiedene Bäche. Sehenswert sind der Iffigsee und der imposante Iffigfall, der ebenfalls der Simme Wasser zuführt. Das Gebiet steht heute unter Naturschutz. Im Lenker Karstgebiet gibt es ein weitverzweigtes unterirdisches Wassersystem mit vielen Quellen. Dank diesem Wasserreichtum und den Schwefelquellen wurde die Berggemeinde zu einem bekannten Kurort. Dieser bietet aber mehr als Heilquellen: ein angenehmes Klima, reine Höhenluft, viel Sonne, Windstille und kaum Nebel.

Alles begann mit einem kleinen Badehäuschen im 17. Jahrhundert. Gespiesen wurde es von der Hohliebquelle. Um 1843 baute dann der Eigentümer ein Badehaus mit etwa dreissig Wohn- und sechs Badezimmern. Die Balmquelle, die auf einer Höhe von 1359 Metern entspringt, ist die bedeutendste Schwefelquelle Europas. Ihr klares Wasser riecht stark nach Schwefel. Das Wasser der Hohliebquelle ist weniger schwefelhaltig, hat aber einen grösseren Anteil an Natrium und Magnesium. Hinzu kommt die Eisenquelle, die ebenfalls seit jeher zu Therapiezwecken genutzt wurde.

Ein beliebter Kurort im Berner Oberland war Bad Heustrich mit seiner Heilquelle am Fuss des Niesen-Berges. Heute ist es ein Heim für Jugendliche mit einem Restaurant. Geblieben ist jedoch der wunderbare Ausblick auf den Gletscherberg Blüemlisalp. Oft ist mit den Quellen eine Ursprungssage verbunden, so auch in Bad Heustrich. Für die Simmenquelle ist zwar keine Sage überliefert, aber ganz ähnlich könnte es sich auch in Lenk zugetragen haben. Erzählt wird, wie am Niesen ein Ehepaar lebte und ganz zufrieden war. Eines Tages jedoch wurde der Mann krank und immer blasser. Niemand konnte ihm so richtig helfen. Als die Frau wieder einmal ihren Mann ansah und ganz verzweifelt war, eilte sie hinaus in die Einsamkeit des Waldes. In ihrem Kummer erblickte sie plötzlich einen «überirdischen Schein» und vor ihr stand ein Zwerg. Dieser sprach die Frau an und sagte, er sei der Zwergenkönig des Niesen. Darauf zeigte er ihr ein Gebüsch, worin seit Jahrhunderten eine unbekannte Quelle fliesse. Sie solle hinaufsteigen, aus der Quelle schöpfen und ihrem Mann zu trinken geben. Darauf war der Zwerg verschwunden. Die Frau tat, wie er ihr geheissen hatte, und gab dem Mann täglich vom Wasser. Schon nach einer Woche ging es ihm besser, und nach einer gewissen Zeit war er vollends genesen.

Es ist nicht sicher, ob diese Sage einen mythologischen Hintergrund hat. Zwerge kommen zwar in der Volkstradition vor, jedoch wurde die Gestalt des kleinen wilden Mannes auch für romantische Ausschmückungen gebraucht. Gerade im Tourismus des 19. Jahrhunderts bediente man eine begierige Zuhörerschaft mit Ursprungssagen, die zu einem «Erholungskonzept» gehörten: «Die Aussicht auf Heilung durch die Quellen, aber auch kulturelle Anlässe wie Konzerte, Ausstellungen, Tanzveranstaltungen usw. gehörten zum umfasssenden Erholungskonzept eines Kuraufenthalts.»

Weit tiefer blickt eine Sage aus dem Haslital bei Meiringen. Dort sind es drei Schwestern, die an Gletscherorte entrückt wurden, weil sie «gottlos» gewesen seien. Die Verzauberung in die Natur zeigt, dass es sich um mythische Ahnfrauen der Landschaft handelt. Sie selbst sind die Landschaft und bringen Quellen und Gletscher hervor. Diese drei Schwestern sind denn auch niemand anderes als die drei Schicksalsfrauen. Historisch gesehen erinnern sie an mutterrechtliche Zeiten im Berner Oberland. Besonders das Christentum machte später dieser

Tradition ein Ende und dämonisierte die Ahnfrauen. Sie wurden den Menschen und der Landschaft ausgetrieben. Genauso vertreibt der hl. Beatus am Thunersee einen Drachen – das Unterwelttier einer göttlichen Ahnfrau.

 Die drei verwünschten Schwestern In Grund bei Innertkirchen wohnte ein angesehener Mann. Er hatte drei schöne Töchter. Im Frühling zog er mit ihnen und der Herde auf die Alp. Alljährlich besuchte sie ein Priester, der Alp und Herde segnete. Da starb der alte Mann. Seine drei Töchter wurden Besitzerinnen der Güter. Aber sie buhlten mit liederlichen Gesellen und vernachlässigten ihre Herde. Als der Priester zu ihnen auf die Alp kam, verlachten sie ihn. Sie setzten ihm saure, mit Asche bestreute Milch vor, und statt Käse luden sie ihm Steine in seine Säcke. Empört eilte er den Berg hinunter. In der Nacht bedeckte ein furchtbares Wetter das ganze Gebirge und verwandelte die Alp. Die schöne Herde samt den Alphütten war vom Erdboden verschwunden. Auch von den drei Mädchen hat man nichts mehr gesehen. Sie waren verflucht, und bis auf diesen Tag sind alle drei unerlöst. Die eine ist am Gauligletscher und heisst das Gauliweiblein. Ein schwarzes Hündchen begleitet sie. Die zweite ist das Engstlenfräulein auf der Engstlenalp, wo es seine Tänze aufführt. Oft steigt es herunter zum Engstlensee und wirft Steine hinein. Dann gibt es Schneesturm. Die dritte ist das Geissmaidli in der Schwarzenfluh der Mägisalp. Dort bewohnt es eine unsichtbare Kammer, zu der ein im Fels befindliches riesiges Loch hineinführt.

Besonders zu beachten ist die zweite, tanzende Schwester auf der Engstlenalp. Sie steige oft zum Engstlensee hinunter und werfe Steine hinein, um einen Schneesturm zu bewirken. Tatsächlich ist diese mythische Frau mit der Alp und dem Engstlensee verbunden. Und sie kann in einem Wasserritual Regen hervorbringen, genau wie viele Schamaninnen in anderen Kulturen. Sie wirft also nicht einfach Steine in den See, sondern kann Magie und Zauber zum Wohl der Menschen anwenden. In Lenk bei der Simmenquelle dürfen wir eine ähnliche Ahnfrau vermuten. Dort berichtet eine Sage ebenfalls von einer geheimnisvollen Sennerin, ausserdem von einem Sennen. Sie lebten auf verschiedenen Anhöhen und taten ihre Zuneigung jeweils durch das Alphorn kund. Doch genau wie bei den drei Schwestern im Haslital musste auch diese Sennerin samt ihrer Landschaft untergehen, weil sie «liederlich» gewesen sei. Der Vergleich geht sogar noch weiter, denn die Wasserlandschaft der Lenker Rezlialp und diejenige der Engstlenalp ist fast identisch: dort strömt das Wasser ebenfalls wie bei der Simmenquelle aus dem Felsen. Gemeint sind die mehrarmigen Jungibäche – eine der grössten Schichtquellen des Berner Oberlandes. Die Jungibäche im Gental und die Simmenquelle sind wirklich zum Verwechseln ähnlich.

Im Simmental sind die Quellen und Flüsse und damit auch die Simmenquelle mit einer geheimnisvollen Wasserfrau verbunden. Sie wohnte auf der Mieschfluh oberhalb von St. Stephan beim Färmeltal, von wo aus man direkt nach Lenk sieht. Wer sie nicht gebührend behandelt, dem entzieht sie ihren Segen und die Brunnen versiegen. So erzählt eine Sage, dass ein junger Mann jeweils im Sommer seine Ziegen auf der Fluh hütete. Jeden Tag begegnete ihm eine wunderschöne Jungfrau in prächtigem Brautkleid. Sie trug einen Krug voll Quellwasser, das sie am Heuegglibrunnen geholt hatte. Drei Jahre lang ging sie mit ihrem Tongeschirr im Arm an ihm vorbei, ohne dass er daran gedacht hätte, sie anzusprechen. Einmal aber, als sie wieder an ihm vorüberschritt, bot sie ihm, ohne ein Wort zu sprechen, aus dem Krug zu trinken an. Jedoch der Mann wies sie mit schroffen Worten ab und erwiderte: «Ich esse Geisskäs und Brot. Trink du, tut dir Wasser not!» Von diesem Augenblick an erschien die Jungfrau nicht mehr, aber mit ihr wich auch das Glück. Seine Ziegen verliefen sich und fielen in die Abgründe. Und auch der herrliche Brunnen versiegte. Die Hütte des Mannes riss der Wind auseinander.

Eine andere Erscheinungsform der Wasserfrau sehen wir im Betelbergsee oberhalb von Lenk. Darin soll ein Drache hausen. Er gleicht einer riesigen Schlange. Durch einen «frommen Spruch» habe man ihn in das Wasser gebannt. Ebenso kommt eine Schlange in St. Stephan vor. Neben der Kirche fliesst ein Bach vorbei, der von einer Fluh herunterkommt. Dort oben sei einst ein See gewesen, der heute überwachsen ist. In diesem See lebte eine Schlange. Diese habe immer «vom Sonnenaufgang nach Sonnenuntergang» geschaut. Man sagt, dass der Bach anschwelle, wenn die Schlange sich umkehre und vom Sonnenuntergang nach Sonnenaufgang schaue. Dann sei der Untergang von St. Stephan nahe.

Wasserfall bei der Simmenquelle auf der Rezlialp.

Es wird oft behauptet, die Sibe Brünne (Siebenbrunnen) der Simmenquelle hätten ihren Namen von sieben Quellen oder vom Flussnamen Simme erhalten. Alle möglichen und unmöglichen Beziehungen werden nun auf die Zahl Sieben hergestellt, so auf die sieben Planeten oder auf die sieben Gottheiten der Woche. Was diese jedoch mit der Simmenquelle zu schaffen haben, bleibt unklar. Tatsache ist, dass die Sibe Brünne aus einer Vielzahl von Quellen fliessen. Ebenso hiess die Simme einst um 1228 Simenes, 1246 Sibanis und 1250 Sebonis. Auszugehen ist von einer vorkeltischen Wortwurzel *sib «Wasser, Fluss». Man vergleiche dazu den Fluss *Riu Sibasca* in Sardinien. Somit meint *Simme* einfach «Fluss» und *Sibe Brünne* «Wasser». Das alte Wasserwort *Sib* wurde in alemannischer Zeit jedoch nicht mehr verstanden und dem deutschen *Sieben* angeglichen. Dieser Vorgang ist eine typische Volksetymologie, die zu einer Umdeutung des Gewässernamens führte.

Wandertipp

Anreise von Bern nach Spiez, dann nach Zweisimmen und Lenk. Bus in Lenk bis zum Fuss der Simmenfälle. Simmenfälle (1100 m) – Simmenquelle/Sibe Brünne (1410 m) – Simmenfälle, 3½ Std.

Eine anspruchsvollere Wanderung ist: Lenk (1068 m) – Pöschenried – Iffigfall (1400 m) – Langermatte (1857 m) – Rezliberg (1444 m) – Sibe Brünne – Simmenfälle (1100 m) – Lenk, 6 Std.

Jahreszeit: Juni bis Oktober; Anforderung: mittelschwer; Höhendifferenz: 800 m; Verpflegung: Lenk, Pöschenried, Rezliberg, Oberried/Zälg. Höhepunkte sind: Iffigfall mit über 100 m Fallhöhe, Simmenquelle und Simmenfälle, grandiose Aussicht bei der Langermatte. Route: Von Lenk aus führt die Wanderung vorbei am Lenkersee, dem wilden Iffigbach entlang über Pöschenried/Färiche hinauf zum imposanten Iffigfall. Danach hinauf zur Langermatte und über den Rezliberg steil hinunter zu den Sibe Brünne. Hier entspringt die Simme und strömt anschliessend über mehrere Kaskaden ins Tal. Der Simme entlang wandern wir zurück nach Lenk.

Lauterbrunnen –
Das Tal der Wasserfälle

Das Lauterbrunnental im Berner Oberland erreicht man via Bern, Thun und Interlaken, von wo aus eine Bahn nach Lauterbrunnen fährt. Hier steigen viele um auf die Zahnradbahn Richtung Wengen und Jungfraujoch. Das Tal umfasst die Ortschaften Lauterbrunnen, Wengen, Mürren, Gimmelwald, Isenfluh und Stechelberg. Der Hauptfluss ist die Weisse Lütschine. Schon im 13. Jahrhundert wurde das Tal *Claro Fonte* «lautere, klare Quellen, Bäche und Brunnen» genannt. Entsprechend sagt man seit dem 14. Jahrhundert Luterbrunnen. Eine andere Bezeichnung ist «Tal der Wasserfälle». Tatsächlich stürzen hier nicht weniger als 72 Wasserfälle über die Felsen hinunter. Die Region bei Stechelberg ist heute ein Naturschutzgebiet. Es gehört zum UNESCO-Naturerbe Jungfrau-Aletsch-Bietschhorn. Beliebte Touristenziele sind das Schilthorn, der Staubbachfall (300 m Fallhöhe) bei Lauterbrunnen, die Trümmelbachfälle, das Jungfraujoch, die Lobhörner bei der Isenfluh, der Männlichen sowie die Kleine Scheidegg mit Eiger, Mönch und Jungfrau.

Einige Berühmtheit hat der Staubbachfall erlangt. Er wurde im Zuge der Alpenromantik im 18. Jahrhundert unzählige Male beschrieben und gemalt. Auch Johann Wolfgang von Goethe (1749–1832) besuchte während seiner Alpenreise den Wasserfall. Er war so beeindruckt, dass er das Gedicht «Gesang der Geister über den Wassern» schrieb: «Seele des Menschen, Wie gleichst du dem Wasser! Schicksal des Menschen, Wie gleichst du dem Wind!» Auch heute noch üben die herabstürzenden Wassermassen die gleiche Faszination auf die Besucher aus. Der Staubbachhubel vor der Felswand ist ein bezaubernder Ort der Ruhe: zu hören ist nur das sanfte Rauschen des stäubenden Wasserfalls. Die beste Zeit ist vielfach der Mittag, wenn das Gegenlicht der Sonne die Wasserschleier und die Perlentropfen am Felsen zum Leuchten bringt. Im Winter hingegen besticht die Felswand mit einem bizarren Eisgebilde.

Ebenso berühmt wurde der Schmadribachfall im Naturschutzgebiet von Stechelberg. Der Bach entspringt dem Breithorn- und Schmadrigletscher am Fuss von Grosshorn und Breithorn. Über Kalkbänke stürzt er ins hinterste Lauterbrunnental hinunter. Der Schmadribachfall wurde durch ein Gemälde von Joseph Anton Koch um 1794 bekannt. Jedoch ging es nicht um eine realistische Darstellung, sondern um des Malers Vorstellung von der Landschaft. Weniger bekannt ist die Schma-

Staubbachfall in Lauterbrunnen im Berner Oberland.

Lauterbrunnen – Das Tal der Wasserfälle

dribrunnenquelle am Fuss der Wetterlücke, dem alten Gletscherpass zwischen Breithorn und Tschingelhorn. Es handelt sich um ein altes Heilbad, worin die Wanderer zur Erfrischung oder zur Behandlung von Hautkrankheiten gebadet haben. Das Quellbecken liegt am Rand des Schmadrigletschers in einer Rasenoase inmitten eines Moränengebietes. Es hat einen Umfang von 20 m und ist in der Mitte 80 cm tief. Der Boden des Beckens ist mit flachen Steinen ausgekleidet. Der Übergang durch die früher nicht vergletscherte Wetterlücke diente im 13. Jahrhundert den Walsern aus dem Lötschental als Verbindung ins Lauterbrunnental. Die Siedlungen Ammerten, Trachsellauenen und Sichellauenen waren reine Lötscherkolonien.

Das «Tal der Wasserfälle» ist eine einzigartige, in sich ruhende Naturlandschaft. Das Element Wasser ist immer wieder direkt erlebbar –

Schmadribachfall bei Stechelberg im Hinteren Lauterbrunnental.

Schmadrigletscher mit dem ehemaligen Heilbad Schmadribrunnenquelle.

sei es unter einem Wasserfall oder an einem Bergbach. Ebenso ist eine mythologische Tradition vorhanden. Viele Sagen beschreiben die Berge, Gletscher und Gewässer. Beispielsweise ist von der Weissen Frau am Mattenbach bei Stechelberg die Rede. Sie wird als «erlösungsbedürftiger Geist» dargestellt, jedoch ist dies ein späterer Zusatz aus christlicher Zeit. Aus mythologischer Sicht ist sie ein Aspekt der Landschaftsahnin. Sie verkörpert sich im Fluss, im Wasserfall, im Gletscher, in den Bergen, ja das ganze Tal ist die weisse Ahnfrau. Zudem ist sie mehr als ein «Naturgeist», was nur eine blasse Bezeichnung ihres Wesens ist. Sie ist die Schöpferin dieser Landschaft und eine Urahnin der Menschen. Mit ihrer Lebenskraft bewirkt sie den Kreislauf der Gewässer oder bringt Regen hervor, wie wir noch sehen werden. Sie um Erlösung bitten zu lassen, ist eigentlich ein Frevel an ihrer Göttlichkeit, verursacht durch patriarchale Einflüsse.

📖 **Die weisse Frau am Mattenbach** Vom hintern Grund ragen die Felsen des Schwarzmönchs lotrecht hoch in den Himmel empor. Morgenseits werden die Steilstürze durch etliche Fluhsätze unterbrochen. Über diese schwebt bei Schneeschmelze und Regen silbern der Mattenbach nieder. Ist dies bei Föhnlage im Winter der Fall, dann sagen die Leute im Stechelberg: «Der Mattenbach rinnt zu Unzeiten, die weisse Frau wäscht ihr Geld.» Alle hundert Jahre wird sie einmal hier gesehen, und sie wartet auf Erlösung durch ein Heilignacht- oder Fronfastenkind. Aber sie wartet schon seit undenklichen Zeiten, denn das Dörflein ist gar klein, und so wenig Kindlein werden in einer von diesen Nächten geboren.

Es war einmal ein Winterabend, in den Hofstatten schliefen Baum und Strauch in eisiger Kälte. Alles war Stein und Bein gefroren; an den Felswänden hingen die erstarrten Wasserfälle wie blauweisse Vorhänge. In der frühesten Morgenfrühe, es war gerade zwischen Tag und Nacht, die sinkende Mondscheibe stand übergross hinter der Gydisfluh, da waren die Bergbauern, mit den Milchbrenten am Rücken, schon auf dem Weg zu ihren dunkel in den Schnee geduckten Scheuerlein. Nachdem man die ganze Nacht das Eis von den Flühen hatte poltern hören, verwunderten sie sich nicht, dass der Mattenbach über die Sätze sprang. Einer von den Hirten war ein Fronfastenkind. Als er dem Vieh Futter gestossen, Wasser angeboten und die übrigen Stallarbeiten besorgt hatte, schloss er sorglich die Tür. Er war kaum ein paar Schritte vom Stall weg auf der Brücke, da sah er am untersten Mattenbachfall die weisse Frau in schneereinem, wallendem Gewand. Sie wusch in den rauschenden Wasserschleiern ihr blinkendes Silber, eine Laubhütte voll. Er sah es so deutlich wie die Hand vor dem Gesicht. Jetzt winkte sie ihn heran und rief: «Guter Mann, erlöset meine arme Seele und nehmt als Entlöhnung all mein Geld!» Dem Bauern sass die schwarze Furcht im Nacken. Der Narr musste ein Zeichen tun und sprang heimwärts. Und die weisse Frau muss nochmals hundert Jahre warten, bis der Mattenbach wieder einmal im Winter rinnt, der Rechte kommt und sie erlösen kann.

Die Flussgöttin besitzt Geld und Silber, d.h. in der Sprache der Mythen die Schätze der Erde. Sie lässt die Früchte gedeihen, um Menschen und Tiere zu ernähren. Und was steht hinter der sonderbaren Begegnung am

Die weisse Frau am Mattenbach wäscht ihr Silber.

Mattenbach? Einst erwählte die göttliche Ahnfrau einmal im Jahr oder nach einer gewissen Zeit im Mondkalender einen männlichen Partner, mit dem sie das Wachsen und Werden des mythischen Jahres feierte. Schätze der Erde entstehen aus dieser Begegnung, die in der Kulturgeschichte als Initiation und Heilige Hochzeit bekannt ist. Doch diese Zusammenhänge versteht der Hirte nicht mehr. Man warnte ihn vor der weissen Frau, ihr ja keinen Kuss zu geben, wie sie es üblicherweise in den Sagen verlangt. Er rennt in Furcht davon, oft stirbt er sogar im Elend. Glücklicherweise kennen wir den Namen der Landschaftsahnin. Eine

Lauterbrunner Sage berichtet, wie eine junge Frau oberhalb der Isenfluh in eine Steinsäule verwandelt wurde. Sie heisst «Vreneli» – wie das Vrenelisgärtli im Bergmassiv des Glärnisch im Kanton Glarus. Hinter beiden steht eine (vor)keltische Göttin Verena, die im Zuge der Missionierung zu einer christlichen Heiligen gemacht wurde. Beispiele dafür sind die Verenaschlucht bei Solothurn oder das Grab der Verena in Zurzach.

Eine weitere Sage beschreibt die Landschaftsahnin nicht als weisse Frau, sondern als «blonde Mädchen», die Wetter machen können. Sie wohnen im Gletscher zwischen Jungfrau und Ebnefluh. Wenn sich im Gebirge Gewitter entladen und der Sturzbach des Geltenschusses, der wie ein Silberband über die Flühe des Saanenlandes niedergeht, von Tonerde gerötet heranbraust, sagt man im Lauenental: «Die blonden Mädchen im Rottal rühren sich wieder, sie flechten ihre langen, falben

Die blonden Mädchen im Rottal (Jungfrauregion) flechten ihre Zöpfe und machen Wetter.

Lauterbrunnen – Das Tal der Wasserfälle

Zöpfe.» Das Regenmachen war einst eine bedeutsame Funktion der Schamaninnen. Die blonden Mädchen im Gletscher bei der Jungfrau erinnern an die drei Schwestern im Haslital, die an Gletscherorte entrückt wurden. Eine der Schwestern wurde auf die Engstlenalp verzaubert, wo sie am Engstlensee mit einem Steinritual Regen hervorbringt. Ausserdem gilt der Rottalgletscher oberhalb von Trachsellauenen als Jenseitsparadies, obwohl er nun in der Umdeutung als Ort der Busse erscheint. Hierher sollen unverheiratete Jungfrauen kommen und im ewigen Eis als arme Seelen umgehen.

Rundwanderung

Stechelberg (910 m) – Trachsellauenen – Schürboden – Berghotel Obersteinberg (1778 m), 4 Std. (1. Tag)

Obersteinberg – Tschingel Lütschine – Oberhornsee (2065 m) – Tanzhubel – Stechelberg, 4½ Std. (2. Tag)

Anreise: Mit der Bahn via Bern, Thun und Interlaken nach Lauterbrunnen, mit dem Postauto nach Stechelberg. Übernachtung im Berghotel Obersteinberg (Telefon 033 855 20 33). Anforderung: mittelschwer, Trittsicherheit notwendig. Jahreszeit: Juni bis September. Höhepunkte sind: wunderbarer Ausblick auf den Schmadribachfall von Obersteinberg aus, die Gletscherwelt um den Oberhornsee, Sonnenaufgang in einer einzigartigen Bergwelt. – Das Hintere Lauterbrunnental ist nebst seinen Wasserfällen reich an Landschafts- und Kulturgütern. Um diese Kostbarkeiten den Wandernden nahezubringen, ist ein Themenweg geschaffen worden. Die Infotafel am Tor des UNESCO Welterbes in Stechelberg erläutert die Inszenierung. Mit Hilfe von Wegweisern werden die Besuchenden des Naturschutzgebietes zu den thematisch bedeutenden Orten geführt. Für 2005 wurden zunächst die Themen Wasserfälle und Alpwirtschaft realisiert. Bis ins Jahr 2010 werden weitere Themen wie Fauna/Flora, Klima/Glaziologie, Historisches/Sagen, Geologie und Bergwerk verwirklicht. (www.wengen-muerren.ch)

Rhonequelle –
Gletschermilch und Eisjungfrau

Die Anreise zur Rhonequelle ist heute relativ bequem. Wer über Interlaken und Meiringen vom Berner Oberland anreist, fährt über den Grimselpass nach Gletsch. Eine weitere Route ist von der Zentralschweiz aus an den Orten Andermatt und Realp vorbei über den Furkapass. Hier gelangt man zunächst zum Hotel Belvedere unmittelbar beim Rhonegletscher und dann nach Gletsch. Wer von Süden vom Tessin aus anreist, fährt über den Nufenenpass ins Goms und dann Richtung Oberwald und Gletsch. Die meisten Besucher stammen jedoch aus dem Wallis. Von Brig aus fährt man ins Gomstal, wo die Junge Rhone noch Rotten genannt wird.

Gletsch ist eigentlich eine Hotelsiedlung um das Hotel Glacier du Rhone. Die Stätte liegt auf einer Höhe von 1759 m unterhalb des Rhonegletschers und wird nur von Juni bis September bewohnt. Der Tourismus begann um das Jahr 1830, als Joseph Anton Zeiter ein Gästehaus mit zwölf Betten eröffnete. Die Hotelierdynastie Seiler erweiterte diese Herberge ab den 1850er Jahren zum Hotel *Glacier du Rhône* und erwarb grosse Teile des Geländes. Darunter befanden sich auch Parzellen des Rhonegletschers, dessen Gletscherzunge zu dieser Zeit noch nahe an das Hotel reichte. Heute markieren Steinsäulen mit Jahresdaten die verschiedenen Schritte der Abschmelzung. Manchmal wird behauptet, die Rhonequelle befände sich beim Hotel Glacier du Rhone. Unübersehbar sind jedoch die Wasser des Gletschers, die hier nach seinem Rückzug ein kleines Flusstal entstehen liessen. Es handelt sich um ein Naturschutzgebiet, das vom Hotel bis zum Wasserfall unterhalb von Belvedere reicht. Darin integriert ist ein sehenswerter Naturlehrpfad mit den schon erwähnten Steinsäulen der Abschmelzungsphasen.

Während seiner Alpenreise besuchte auch Goethe den Gletscher. Er schrieb im Jahr 1779: «Und sahen nunmehr den Rhonegletscher vor uns. Es ist der ungeheuerste, den wir so ganz übersehen haben. Er nimmt den Sattel eines Berges in sehr grosser Breite ein, steigt ununterbrochen herunter bis da, wo unten im Tal die Rhone aus ihm herausfliesst …» Bis heute hat der Gletscher seine Anziehungskraft bewahren können. Schon kurz nach dem Grimselpass erblickt man sein weisses Kleid, umgeben von nebelbehangenen Gipfeln.

In La Turbie oberhalb von Monaco errichteten die Römer nach der Eroberung der Alpen eine Siegessäule (Tropaeum Alpium) mit den Namen der unterworfenen Völker. Darunter stehen auch vier Stämme, die vor etwa 2000 Jahren im Wallis lebten: Nantuaten, Veragrer, Seduner und Uberer. Die Seduner siedelten in der Gegend von Sion, während die Uberer das Oberwallis und das Goms bewohnten. Nicht aufgeführt sind Lepontier aus dem Tessin, die damals ebenfalls im Oberwallis heimisch waren. Diese Stämme werden gerne als «Kelten» bezeichnet, was jedoch nicht ganz richtig ist. Es handelt sich um Sippenverbände aus der Bronzezeit, die später keltisiert wurden. Die intensive Durchdringung führte dann zur keltischen Dominanz, wobei in abgelegenen Tälern mit einer früheren Bevölkerung zu rechnen ist. So war es auch in römischer Zeit, als nun die Kelten zu den Unterworfenen gehörten, oder die Germanen die Romanen überschichteten.

In die vorkeltische Frühgeschichte gehört auch der Flussname Rhone. Die lateinische Schreibweise lautet um 57 v.u.Z. *Rhodanus*. Manchmal hört man von Laien, dass der Name *Rhone* sich vom deutschen *rinnen* herleitet, was angesichts der frühen Form Rhodanus falsch ist. Doch auch Sprachforscher unterliegen nicht selten einer Volksetymologie. So soll unser Flussname von keltisch **ro-danos* stammen, mit der Bedeutung *ro-* «sehr» und *danos* «verwegen, kühn». Entsprechend meint *Rhodanus* dann «die sehr Wilde». Doch diese gelehrte Herleitung ist ebenso abwegig, zudem eine falsch verstandene Romantisierung eines Flusses. Denn zugrunde liegt eine alteuropäische Form **Rodana* «Wasser-Wasser» im Sinn von «Fluss». Somit bedeutet *Rhodanus* einfach «Fluss», was der frühen Landschaftsbezeichnung entspricht.

Was haben nun unsere Vorfahren über die Gletscher gedacht? In vorchristlicher Zeit war das ewige Eis ein Aufenthaltsort der Verstorbenen. In den blauen Gletscherspalten hielten sich die Ahnen der Sippen auf. Es war ein Jenseitsparadies, wie die Welt unter der Erde, im Seegrund oder im Berg. Dort hielten sich die Verstorbenen bei einer Landschaftsgöttin auf, die in der Walliser Mythologie «Eisjungfrau» genannt wird. Nach einer gewissen Zeit wurden die Toten, verjüngt als kleine Kinder, wieder in ihre Sippe hineingeboren. In christlicher Zeit wurde der Gletscher dämonisiert und zum Fegefeuer. Die Seelen der Verstorbenen müssen auf dem Eis und den Felskämmen umherirren. Aus den Spalten sollen soviele Köpfe armer Seelen hervorragen, dass man keinen Fuss dazwischen setzen kann. Manchmal dehnt sich der Gletscher aus infolge des grossen Zudranges von Seelen. Und wenn er zurückgeht,

Der Rhonegletscher bei Gletsch-Belvedere im Oberwallis.

Das Gletschertor bei Belvedere gilt als Quelle der Rhone.

Rhonequelle – Gletschermilch und Eisjungfrau

so ist es ein Zeichen dafür, dass viele erlöst worden sind. Trotz der Erlösungsidee erinnert sich die Volkstradition auch noch an einen landschaftsmythologischen Zusammenhang. Die blaue Gletscherspalte mit den hervorkommenden Köpfen hat einen sinnlichen Bezug, indem sie einem weiblichen Schoss gleicht. Es ist der Schoss der weissen Ahnfrau, aus dem alles Leben entsteht und wieder zur Regeneration zurückkehrt.

Dieses Sterben und Werden beschreibt eine Sage aus dem Oberwallis. Hier haust eine Eisjungfrau des Aletschgletschers in der Schlucht «Chin der Massa» bei Naters und Mörel. Sie verlangt jährlich einen Mann, der sich im Liebestod mit ihr vereinigt. Danach schenkt sie ihm ein neues Leben im Jahresritual der Wiedergeburt.

Die Stunde ist da Zwischen Naters und Mörel öffnet sich gegen das Rhonetal hin das Chin der Massa. Dies ist ein mehrere hundert Meter langes, tiefes und enges Tobel zwischen abfallenden Felshängen. Auch den kühnsten Bergsteiger überläuft es eiskalt, wenn er in diesen Schlund hinabschaut, wo sich in ungeheurer Tiefe die Felsen so nah zusammendrängen, dass es da Nacht wird. Wie aus unterirdischen Schächten dringt das Getöse der Massa herauf, am Fels widerhallend. Vom Aletschgletscher herunter kommen die Eiswasser, die sich durch die Enge zwängen und über die hohen Schwellen am Grund hinabdonnern. Nach einer Sage soll eine Eisjungfrau aus dem Aletsch in dieser Schlucht ihre Behausung haben, ein verführerisches Wasserweib, das von Zeit zu Zeit auf Männer Jagd mache. Denn an den Felswänden hängt in grausamer Höhe über dem Bergstrom eine kühne Wasserleitung, die aus dem Massachin nach Mörel-Ried hinüberführt. Neben den hölzernen Känneln sind nur schmale Balken gelegt, über die der Hüter dem ausbleibenden Wasser nachgehen muss. Es ist ein gefährliches Amt und es erfordert einen verwegenen Burschen, der nichts von Schwindel weiss. Und doch ist schon mancher in den fürchterlichen Abgrund gefallen. Nach dem Glauben des Volkes ist das Wasserweib an ihrem Tod schuld gewesen. Sobald sie nämlich eines Mannes überdrüssig geworden ist, schickt sie ihn ohne Erbarmen hinunter in die Massa, um darauf einen andern zu bezaubern und zu sich hinab in das schaurige Brautbett zu locken. Einst trieb ein Hirt seine Ziegen in jener Gegend auf die Weide. Da hörte er eine helle Stimme aus dem Chin rufen: «Die Stunde ist da, aber der Mann noch nicht!» Und so tönte

Die Gletscherspalte als Schoss der Eisjungfrau, worin die Verstorbenen ruhen.

es noch lauter ein zweites und gar ein drittes Mal: «Die Stunde ist da, aber der Mann noch nicht!» Da kam plötzlich ein junger Bauer mit raschen Schritten längs der Wasserleitung daher. Und, so wie er sich der Stelle näherte, wo der Hirt die Geisterstimme vernommen hatte, stürzte er hinunter und verschwand in der Schlucht. Die Eisjungfrau hatte den Mann, den sie dreimal gerufen, endlich in den Armen.

Diese Sage von der Eisjungfrau besitzt einen historischen Kern. Gemeint ist die künstliche Bewässerung im Wallis. Die Region zwischen Martigny und Brig ist sehr niederschlagsarm, aber sonnenreich. Es fehlte an Regen für die Felder, Wiesen und Äcker. Doch die Frauen und Männer hatten eine geniale Idee: sie holten sich das Wasser von den Gletschern. Das Bewässerungssystem sah vor, steinerne Kanäle in den Fels zu hauen und die Leitung mit hölzernen Trögen zu ergänzen. Solche Wasserleitungen heissen im Alpenraum Bisses, Suonen, Waale oder Levadas. Man holte sich das Wasser, wo es reichlich floss: bei nie versiegenden Quellen hoch oben in den Bergtälern sowie unterhalb der Gletscher. Die Walliser nannten ihre Gebirgsbäche ehrfurchtsvoll «Heilige Wasser». Tatsächlich wurde das weisse Gold Gletschermilch genannt – das lebenschenkende Wasser der weissen Gletscherfrau.

Der Aletschgletscher im Oberwallis verkörpert die Eisjungfrau.

Gletscherreise

Hotel Belvedere (2170 m) – Rhonegletscher – Eisgrotte – Gletschertor (2150 m) – Hotel Belvedere, 1½ Std.

Anreise: Mit dem Postauto über den Grimselpass oder mit der Furka-Oberalp-Bahn bis Gletsch. Postauto von Gletsch nach Belvedere. Besonderheit: Geführte Wanderungen auf dem Rhonegletscher ab Mitte Juli. Auskunft beim Verkehrsverein Obergoms unter Telefon 027 973 32 32.

Wandertipp

Blatten (1327 m) – Massaschlucht – Oberried – Riederalp (1925 m), 4 Std. (1. Tag)

Riederalp – Riederfurka (2065 m) – Grünsee (1614 m) – Alte Stafel (2227 m) – Blausee (2207 m) – Riederalp, 4½ Std. (2. Tag)

Anreise: Bahn bis Brig, von dort Bus bis Blatten bei Naters. Wanderung im UNESCO-Weltnaturerbe Jungfrau-Aletsch-Bietschorn. Höhepunkte: Blattnerschliecht, Massaschlucht, Lehrpfad «Wasser verbindet – Nepal-Wallis» sowie Riederwald (mit Föhren) und Riederalp. An besonderen Stellen ist der Weg mit Ketten gesichert. Route: Bei den Wegweisern neben dem Hotel Blattnerhof in Blatten nach rechts Richtung «Ried-Mörel-Massaweg» wandern. Der Weg führt über eine Rundholzbrücke und geht in den leicht ansteigenden bewaldeten Blattnerschliecht über. Nach einem kurzen Abstieg folgt man der Werkstrasse, die in den 1960er Jahren zum Bau des Kraftwerkes Gibidum erstellt wurde. Kurz nach der Brücke über die Massa – so heisst der Abfluss des Aletschgletschers – sind wir am Eingang der Massaschlucht. Hoch über der Schlucht führt der Weg der Wasserleitung Riederi entlang. Eingangs Rischwald kreuzt der Weg Bitsch-Oberried den Massaweg (wer Richtung «Ried-Mörel» weiterwandert, kann mit der Seilbahn nach Riederalp fahren). Der Wanderweg bergwärts führt zum Weiler Fure und zur Aussichtsterrasse Oberried. Nach kurzer Zeit auf der Forststrasse wählen wir den Bergweg Richtung Riederalp. Verschiedene Übernachtungsmöglichkeiten in Riederalp. Am zweiten Tag lohnt sich eine Wanderung nach Riederfurka zum Pro Natura Zentrum Villa Cassell, durch den Aletschwald, zum Ort Alte Stafel mit dem unvergesslichen Ausblick auf den Aletschgletscher und zum Blausee. Rückreise via Seilbahn Riederalp-Mörel sowie Bahn ab Mörel. (www.wandersite.ch)

Massaweg: Auf einer Wanderung von Blatten nach Ried-Mörel können sich Interessierte auf zwölf Tafeln mit Texten in deutscher und französischer Sprache über die Gemeinsamkeiten der Bergregionen Wallis und Nepal informieren. Dabei wird nicht nur auf die Geschichte, die Bedeutung, den Bau und den Unterhalt der Bewässerungssysteme eingegangen, sondern auch auf Bräuche und Mythen. Besonders geeignet ist der Lehrpfad für Schulklassen, die sich mit dem Thema Berge und Wasser befassen.
(www.alpmuseum.ch)

Leukerbad –
Heisse Quellen im Wallis

Leukerbad ist eines der bedeutendsten Heilbäder im Kanton Wallis. Die kürzeste Anreise erfolgt via den Lötschbergtunnel nach Visp, wo eine Bahnverbindung nach Leuk-Stadt besteht. Von hier aus fahren regelmässig Busse nach Leukerbad. Der Ort liegt am Fuss des Gemmipasses im hinteren Tal der Dala, die bei Leuk in die Rhone mündet. Dazu erhebt sich das mächtige Daubenhorn mit 2942 m Höhe. Sehenswert ist ebenfalls die alte Stadt Leuk, die auf einer Anhöhe über dem Rhonetal thront. Leuk und Leukerbad waren schon in keltischer Zeit besondere Stätten. Entsprechende Funde sind mehr als 2000 Jahre alt. Bisher hat man angenommen, die Entdeckung der Heilquellen gehe bloss bis ins 13. Jahrhundert zurück. Auch der Name *Leuk* «die Weisse» soll keltisch sein. Jedoch zeigen neuere Sprachforschungen, dass der Ortsname «Fels» bedeutet und der Flussname *Dala* «Wasser».

In Leukerbad werden zurzeit acht Quellen für Heilbäder genutzt. Insgesamt sind etwa 65 Thermalquellen in einem Kataster erfasst – bis hin zur 51° warmen St. Lorenz-Quelle, die eine sehr konstante Schüttung von etwa 900 Liter pro Minute aufweist. Der Fliessweg des Thermalwassers beginnt östlich von Leukerbad im Gebiet zwischen dem Majing- und Torrenthorn. Beim Wyss- und Schwarzsee (2300 bzw. 3000 m Höhe) dringt das Niederschlagswasser durch Kluftsysteme bis 500 m unter den Meeresspiegel ins Gebirge ein. Das Wasser, nun mineralisch angereichert, steigt als Thermalwasser infolge der Erwärmung nach oben, um aus den zahlreichen Quellen wieder ans Tageslicht zu kommen. Es war mehr als 40 Jahre auf dem unterirdischen Fliessweg unterwegs.

Im UNO-Jahr des Wassers 2003 eröffnete Leukerbad einen Thermalquellenweg. Dieser geht durchs Dorf und reicht bis zur hinteren Dalaschlucht. Neun Tafeln auf einer Stecke von drei Kilometer informieren in deutscher und französischer Sprache über das weisse Gold. Bei acht Quellen stehen Informationstafeln, die mittels Bildern, Grafiken und Texten jede gefasste Quelle beschreiben. Noch spektakulärer ist der Thermalquellensteg in der Dalaschlucht. Man erreicht ihn flussaufwärts nach einem kurzen Fussweg vom Dorf aus. Er geht 600 m in die Schlucht. Höhepunkt ist ein 35 Meter tiefer Wasserfall. Die teils bunten Felsen, das Tosen und Rauschen des Wassers, die grüne Vegetation und die feuchte Luft bilden einen einzigartigen Raum. Besonders an ruhigen Tagen ist die Harmonie von Wasser und Stein erlebbar.

Die Thermalquellen von Leukerbad im Angesicht der Berge.

In der Dalaschlucht lässt sich die Kraft des Wassers erleben. Thermalquellensteg in Leukerbad.

Leukerbad – Heisse Quellen im Wallis

In Leukerbad erzählt man sich verschiedene Herkunftssagen über die Quellen. So soll einmal ein Aussenberger nach Sion im Unterwallis zu einem fahrenden Schüler geschickt worden sein, um von diesem eine Quelle zu kaufen. Denn auf ihrem Berg zuhause hatten sie grosse Wassernot. Der Zauberkünstler gab ihm eine geschlossene Schachtel, jedoch mit dem Gebot, dass er ja nicht hineinsehen solle, bevor er am Ort war, wo man die Quelle haben wollte. Wie der gute Mann nun bis zur Brücke von Leuk gekommen war, packte ihn die Neugierde. Er vergass die Warnung und guckte hinein. Als er die Schachtel sachte öffnete, flog ein Getöse heraus und verschwand in den Fels. Bald rauschte eine prächtige Quelle aus dem Erdreich, die nach kurzem Lauf in die Rhone mündete. Das Nachsehen hatten die Bergler, die sich so sehr eine wunderbare Quelle wie diejenige oberhalb der Leuker Brücke wünschten.

Eine andere Sage mit dem Titel «Die ersten Bewohner» erklärt, wie die Quellen von Leukerbad entstanden sind. Sie stehen mit einer schönen Frau namens Blanka in Zusammenhang:

📖 **Die ersten Bewohner** Es lebten einst zwei adelige Brüder, die beide die gleiche Prinzessin Blanka von Mans liebten, weil sie so schön war. Jeder wollte sie zur Frau nehmen und deswegen gab es Streit. Rudolf von Asperling tötete so seinen Bruder und musste dann fliehen. Mit Blanka zog er ins wilde, damals unbewohnte Tal von Leukerbad. Es standen nur zwei, drei Ställe da, die Leuker oder Siderser Herren gehörten. Hier bauten sie sich ein Haus. Eines Tages verliess Rudolf die Hütte und ging auf die Jagd. Als er sich am Abend verspätete, fürchtete Blanka für ihn und rief ihn laut schluchzend. In ihrem Kummer liess sie sich an einer Quelle nieder und schenkte im dunklen Wald einem Knaben das Leben. Rudolf war inzwischen zurückgekehrt und fand sie mit ihrem Kind. Die Quelle ihr zur Seite floss jetzt heiss, erwärmt durch Blankas Tränen. Rudolf taufte voller Freude seinen Sohn auf den Namen Lorenz. Daher soll auch der Name St.-Lorenz-Quelle stammen.

Zweifellos vermischen sich in dieser Sage historische Begebenheiten und Motive aus der Welt der Mythologie. So zum Beispiel der Kampf zweier Helden (Brüder) um eine schöne Frau. Dann die eigenartige Geburt des Knaben. In den Mythenmärchen ist ein Kind nicht selten ein wieder-

Aus den Tränen der Blanka entstanden die heissen Quellen von Leukerbad. Wassertropfen in der Dalaschlucht.

kehrender Verstorbener, hier somit der getötete Bruder. Merkwürdig ist auch, wie die Quelle durch Blanka zu einer heissen Quelle wird, nämlich durch ihre Tränen. Dadurch zeigt sie sich als eine übernatürliche Frau, eine Landschaftsahnin, die aus ihrem Körper Quellen und Flüsse entstehen lässt. In der Körpersprache der Mythologie sind dabei die Quellen das Schosswasser einer Ahnfrau oder deren Blut und Milch. Wir erinnern dabei an die Gletschermilch der Eisjungfrauen im Alpenraum. Wie wir noch sehen werden, entstand auch die Tamina bei Bad Ragaz aus den Tränen einer geheimnisvollen Quellfrau.

Thermalquellenweg

Der Thermalquellenweg führt in etwa zwei Stunden auf einem leichten Wanderweg durch Leukerbad. Gesamtstrecke drei Kilometer. Neun Tafeln informieren in Bild und Text über die Quellen. Der Weg ist von Mai bis Oktober begehbar. Im Winter befinden sich die Tafeln im Burgerbad, wo sie den Gästen präsentiert werden. Die Schluchtwanderung «Dala-Schlucht» mit dem Thermalquellensteg dauert etwa eine Stunde. Benützung auf eigene Gefahr. Informationen bei Leukerbad Tourismus (www.leukerbad.ch).

Wandertipp

Leukerbad (1402 m) – Gemmipass (2314 m) – Daubensee (2205 m) – Schwarenbach (2060 m) – Spittelmatte – Sunnbüel (1936 m) – Eggeschwand – Kandersteg (1174 m), 4½ Std.

Diese Wanderung gehört zu den Klassikern in den Schweizer Alpen. Anforderung: mittelschwer. Jahreszeit: Juli bis Oktober. Höhendifferenz: 965 m. Grandioses Panorama sowohl in die Walliser Alpenwelt als auch in die Berge des Berner Oberlandes. Die Wanderung ist ebenfalls in Gegenrichtung empfehlenswert. Route: Beim Busbahnhof Leukerbad folgen wir den braunen Schildern Richtung Gemmibahn. Bei der Kreuzgasse nehmen wir den Weg «Gemmipass-Kandersteg». Es folgt ein längerer, eher steiler Aufstieg zum Gemmipass. Auf dem Gemmipass Richtung Hotel Wildstrubel bzw. Daubensee. Wunderbares Panorama beim Hotel. Dann nehmen wir den Wanderweg nach Kandersteg. Am Daubensee vorbei kommt man zum Hotel Schwarenbach. Dort geradeaus weiter zu einer schönen Hochlandschaft. Bei Spittelmatte dem Weg in Richtung Sunnebüel folgen. Dort fährt eine Seilbahn hinunter nach Eggeschwand. Hier fahren regelmässig Busse zum Bahnhof Kandersteg.

St. Moritz –
Heilbad am Jungen Inn

St. Moritz ist einer der bekanntesten Orte im Alpenraum. Die Gemeinde liegt auf 1822 m Höhe im Oberengadin und besteht aus den Ortsteilen Moritz-Dorf, Moritz-Bad, Suvretta und Champfèr. Im Tal ruht der Sankt-Moritzersee, der mit seinen Abendstimmungen zum Spazieren einlädt. Das internationale Dorf war nicht immer eine mondäne Alpenstadt. Und auch heute leben nur 5000 Einwohner ständig im Ort, obwohl die Bauten um das Vielfache angewachsen sind. Doch wie hat eigentlich alles angefangen?

Im Jahr 1853 fand man bei Bauarbeiten in Sankt-Moritz-Bad an der Mauritiusquelle eine Quellwasserfassung, die etwa 3500 Jahre alt ist. In einer Röhre entdeckte man Schwerter, eine Dolchklinge und eine Schmucknadel. Die Objekte aus der Bronzezeit waren sorgfältig in der Holzröhre platziert – als Weihegaben für eine Quellgöttin, wie wir noch sehen werden. Die Untersuchung der Lärchenstämme ergab, dass die Fassung um 1466 v.u.Z. erbaut worden ist und somit weit in die vorkeltische Zeit reicht – genauso wie eine kistenförmige Zisterne in Savognin. Die Quellwasserfassung ist heute im Engadiner Museum in St. Moritz ausgestellt.

Seenlandschaft bei St. Moritz im Oberengadin.

Es ist zu vermuten, dass später Kelten und Römer die Quelle benutzten oder zumindest kannten. Erst im späten Mittelalter berichten Urkunden wieder vom Ort. Pilger wallfahrten zur Quellenkirche und tranken das als besonders heilbringend erachtete Wasser der Mauritiusquelle. Um 1519 versprach Papst Leo X. jedem völlige Absolution, der zur Quellenkirche des heiligen Mauritius pilgerte. Um 1537 weilte der Naturheilarzt Paracelsus in St. Moritz. Er lobte die Quellen und war beeindruckt von deren Heilkraft. Dennoch wurde der Ort von den Einheimischen vernachlässigt. Man findet zahlreiche Briefe berühmter Kurgäste an die Gemeinde, in denen der schlechte Zustand des Areals bemängelt wird. Seit dem frühen 15. Jahrhundert kannte man auch in der Schweiz eine volkstümliche Bäderkultur. Wer es sich leisten konnte, besuchte mindestens einmal im Jahr eines der beliebten Bäder im Alpengebiet. Die Schweizer Heilbadvereinigung schreibt: «Eine Badekur unternahm man aus den unterschiedlichsten Motiven. Zur Erhaltung oder Wiederherstellung der Gesundheit, aber auch um sich zu vergnügen. Zu alten Zeiten aber waren die Schweizer Heilbäder auch Stätten der Begegnung der Grossen aus aller Welt: von Fürsten, Königen, Dichtern, Komponisten, Wissenschaftlern, Staatsmännern und eleganten Damen. An den Badekurorten tat man, was man zu Hause nicht tun durfte. Badekurorte waren Orte der Sinnesfreude, des Sehens und Gesehenwerdens, sie waren Brautmärkte par excellence. In den Thermen von Baden, Schinznach oder Leukerbad hielten sich die Kurgäste bis zu zehn Stunden im Heisswasserbassin auf, assen und tranken, spielten Karten oder liessen sich durch Musikanten unterhalten. Wenn man aus medizinischen Gründen den oft beschwerlichen Weg zum Gesundbrunnen unternahm, dann vorwiegend wegen rheumatischen oder gichtigen Leiden, aber auch wegen Hautkrankheiten und als Frau wegen Unfruchtbarkeit.»

Im späten 16. Jahrhundert kehrten strengere Sitten ein, nicht zuletzt wegen der Reformation. Anstatt Badekuren wurden jetzt Trinkkuren Mode. Um 1700 kamen Heilsuchende aus Italien und Deutschland nach St. Moritz, um das Mineralwasser einzunehmen. Das Wasser wurde auch flaschenweise in alle Welt versandt. Schon in der Mitte des 17. Jahrhunderts wurde St. Moritzer Mineralwasser fassweise ins Unterland transportiert oder nach Italien gebracht. Zweifellos verdankt der Ort seine Berühmtheit den Quellen.

Allerdings waren die Verhältnisse noch ziemlich bescheiden. So schreibt der Unterländer Johann Ludwig Meyer in seiner kritischen Schrift «Beschreibung des Sauerbrunnens bey St. Moritz» um 1810: «Zur Beherbergung der Brunnengäste gibt es in St. Moritz keine eigentlichen Gasthöfe. Es befindet sich dort nur ein einziges Tavernenhaus, das den Brunnengästen, die gern wohlfeile Kost haben, zur Herberge dienet. Die beiden Junker Flugi, wie man sie nennt, der obere und der untere, sind Privatleute des Ortes, die sich nur während der Curzeit mit der Bewirthung der Gäste abgeben. Die Brunnengäste, welche in ihren ziemlich beschränkten Wohnhäusern keinen Platz finden, müssen es sich gefallen lassen, in Partikularhäusern kümmerlich genug zu wohnen.»

Ab dem frühen 19. Jahrhundert wurden die Bäder wieder beliebt. Mit dem Tourismus in der Schweiz setzte auch ein Bäderboom ein. In der Folgezeit entstanden nicht weniger als 1000 Orte mit Heilquellen, und zwischen 1860 und 1870 gab es in den Schweizer Bergen etwa 300 Kuranstalten.

Unser St. Moritz nennt man rätoromanisch San Murezzan, italienisch San Maurizio und französisch Saint-Maurice. Ein entsprechender Ort Saint-Maurice existiert auch im Wallis sowie ein Moritzing bei Bozen in Südtirol. Der Ortsname soll sich vom heiligen Mauritius herleiten, der gemäss einer Legende mit seinen Soldaten im Wallis den Märtyrertod erlitten habe. Aus historischer Sicht ist jedoch diese Legende unbegründet. Es gab weder in Saint-Maurice noch in St. Moritz je einen Heerführer Mauritius. Seine legendäre Gestalt wurde aber benützt, um die frühchristliche Missionierung voranzutreiben. Wo war aber der Anknüpfungspunkt, um im Engadin die seit vorkeltischer Zeit bekannte Quelle dem Mauritius zu weihen und darüber eine Kirche zu bauen? Eine mögliche Erklärung könnte der Ortsname selbst bieten. Einst hiess der Quellort wahrscheinlich *Marita* mit der Bedeutung «Wasser, Quelle». Dieses alte Wort wurde dann nicht mehr verstanden oder absichtlich während der Christianisierung mit dem ähnlich klingenden Personennamen *Mauritius* verglichen. So kam St. Moritz vermutlich zu seinem Namen.

Die alte Wortwurzel *mar* «Wasser» bezeichnet jedoch viel genauer den Quellort und die Seenlandschaft. Sie dürfte mindestens so alt sein wie die erwähnte Quellwasserfassung aus der Bronzezeit, also 3500

Jahre. Im Bergell, das ans Oberengadin grenzt, fliesst im Tal der Fluss Mera. In der Bergeller Mundart heisst er Maira. Wie leicht zu erkennen ist, hat sich unser Wasserwort *mar* im Flussnamen *Maira* erhalten können. Ausserdem berichten die lokalen Sagen von einer Flussgöttin *Murgäna*. Ihr war das Wasser geweiht, ebenso das ganze Tal Bergell. Die Murgäna spielte auch im Engadin eine wichtige Rolle. Die Heilquelle von St. Moritz mit den Weihegaben aus der Frühgeschichte war ihr Heiligtum. Sie wurde noch lange im Bergell und im Engadin verehrt. Dies war wohl der Hauptgrund, den alten Wasserort der Quellgöttin *Murgäna* mit der Legendenfigur *Mauritius* zu verchristlichen. Sie selbst wurde dabei zurückgedrängt und zu einer Schreckgestalt gemacht, wie eine Sage berichtet.

Murgäna Hinter dem Talboden von Bondo im Bergell klettert das Bondascatal in die Höhe. Es ist ein sehr enges Tal mit hohen Felsen und tiefer Schlucht. In den Gewässern des Wildbaches der Bondasca wohnt die «Murgäna»: eine Sirene mit grüner, schlüpfriger Haut. Ihr langes Haar hat die Farbe des Wassers und endet in dicken Locken aus Gischt. Ihre Hände sind mit starken Krallen bestückt. Damit packt die Murgäna jedes Kind, das sich zu weit über die Brücke lehnt, um in das tosende Bergwasser zu schauen. Die Murgäna hält sich in den Grotten der Felsen versteckt, die das Wasser seit Jahrtausenden aushöhlt. Manchmal macht es ihr Spass, im Sturzbach Kapriolen zu schlagen. Dann sehen wir plötzlich ihren glitschigen Rücken aus dem Wasser auftauchen und das lange grüne Haar auf den nassen Steinen Wellen schlagen. Die Murgäna wohnt aber nicht nur in der Bondasca. Sie ist überall dort, wo das Wasser tief ist, auch in der Nähe des Dorfes. Wehe den Kindern, die zum Spass auf die Ränder der Brunnen steigen. Dann streckt blitzschnell die Murgäna ihre Krallen aus, packt sie und zieht sie tief hinunter in eine finstere Grotte, aus der man nie mehr herauskommt.

Aus dieser Sage geht deutlich hervor, dass die Ahnfrau Murgäna arg verzerrt und dämonisiert wurde. Einst war sie jedoch nicht ein Kinderschreck sondern eine Kinderschenkerin. Die Frauen holten die kleinen Kinder von den Quellen der Murgäna, was in der Volkstradition noch lange andauerte. Am bekanntesten sind in Europa die zahlreichen Brun-

Quellgebiet des Jungen Inn im Oberengadin.

nen und Teiche der Frau Holle. Die Frauen holten die Kinderseelen aus dem Wasser des Lebens, d.h. vom Erdschoss einer Landschaftsahnin, die ihnen das neue Leben schenkte. Sie war es auch, welche Heilung bei den Quellen versprach. Denn sie war zugleich eine Grosse Wandlerin, wie alle Erd- und Wassergöttinnen. Sie nahm das Leben zu sich in die Tiefen der Erde, und nach einer Zeit der Verjüngung liess sie es wieder neu entstehen. Heilung und neues Leben waren somit wesentliche Gesichtspunkte bei den Quellen, und so war es auch beim Quellort St. Moritz.

Ebenso von grosser Bedeutung war der Quellenkult im Südtiroler Moritzing. Bei der schwefelhaltigen Quelle wurden Tausende von Gaben entdeckt. Darunter befinden sich 1416 Ringe aus Bronze, drei Fibeln, zwei Haarnadeln, eine menschenförmige Statue und medizinische Geräte, welche den Heilungszweck der Kultstätte bestätigen. Ausserdem

Die Wasserfrauen in Samedan versinnbildlichen Quellen, Flüsse und Seen. Sie verkörpern im Engadin den Inn und im Bergell die Maira/Murgäna.

fanden Archäologen gut erhaltene, rätische Häuser, die etwa 2500 Jahre alt sind. Verschiedene Forscher gehen heute davon aus, dass das Quellenheiligtum der Grossen Göttin Reitia geweiht war. Steht sie auch hinter der Wasserfrau Murgäna im Bergell? Jedenfalls hiess auch in Tirol die alte Wasserkultstätte einmal *mar und wurde später mit *Mauritius* zu *Moritzing* christianisiert. Der Vergleich zu St. Moritz im Engadin ist verblüffend. In Moritzing hat sich zudem der Brauch erhalten, dass die Bäuerinnen ihre Neugeborenen aus dem Quellwasser holen. Gegen Kinderlosigkeit wird auch das Bad Salomonsbrunn in Antholz bei Bruneck gepriesen. Im Bach hinter dem Haus tummeln sich Fische. Schwimmen sie auf die weiblichen Badegäste zu, können diese auf ein Kind hoffen, fliehen sie aber, hilft alles Baden nichts.

Innquelle und Lunghinsee

Der Inn ist die Lebensader des Engadins. Er heisst rätoromanisch En, lateinisch Aenus und griechisch Ainos. Der Fluss entspringt beim Malojapass aus dem Lunghinsee (rätoromanisch Lägh dal Lunghin). Im Oberengadin durchfliesst er den Silser-, den Silvaplaner- und den St. Moritzersee. Der Piz Lunghin (2780 m) liegt zwei Kilometer nordwestlich von Maloja. In der Nähe befindet sich der Pass Lunghin, der von allen vier Himmelsrichtungen aus zu Fuss erreichbar ist. Die bekanntesten Aufstiege sind diejenigen von Maloja oder von Bivio über den Septimerpass. Das Gebiet ist ein bedeutender Wasserscheidepunkt Europas. Das Wasser fliesst nach Norden in die Gewässer Julia, Albula, Hinterrhein, Rhein und Nordsee; nach Süden in die Gewässer Maira, Comersee, Adda, Po und Adria; nach Osten in die Gewässer Inn, Donau und Schwarzes Meer. – Eine beliebte Wanderroute zur Innquelle beginnt in Maloja beim Parkplatz Cadlägh am Ortseingang. Bergan geht es über Plan di Zoch (1945 m) zum Lunghinsee (2484 m). Von diesem schönen See geht es weiter auf markiertem Weg zum Pass Lunghin (2645 m), wo die Innquelle hervorsprudelt. Zurück geht es auf gleichem Weg nach Maloja. Wanderzeit hin und zurück etwa vier Stunden.

Quelle des Inn. Lunghinsee (Lägh dal Lunghin) oberhalb von Maloja.

Eine Orakelquelle namens St. Moritz wird interessanterweise auch in Deutschland erwähnt. Sie befindet sich in der Fränkischen Schweiz bei Leutenbach zwischen Nürnberg und Bamberg. Nahe der Strasse von Leutenbach nach Egloffstein liegt die St. Moritzkapelle. Diese soll durch einen unterirdischen Gang mit der Burg auf dem Burgstein verbunden sein. Um 1465 hiess die Kapelle St. Mauritius zu Oberleutenbach. Unmittelbar am Parkplatz neben der Strasse nach Egloffstein entdecken wir den Moritzbrunnen: eine einfache Feldkapelle mit der Figur des Heiligen. Hinter den Gittern fliesst das Wasser aus der Tiefe hervor und ergiesst sich zwischen groben Steinen in einen kleinen Bach. Das kleine Geheimnis der Orakelquelle ist, dass sie besondere Kräfte besitzt und die Zukunft prophezeit. Zuerst bittet man Mauritius um Beistand, dann wirft man ein Stück Holz in den Brunnen und stellt eine Frage. Schwimmt das Holz obenauf, ist alles bestens. Geht es aber unter, sei dies ein düsteres Zeichen. Das Wasser wird auch zu Heilzwecken gebraucht. Es soll bei Hautkrankheiten und Augenleiden helfen. Man darf jedoch das Wasser auf keinen Fall trinken – das bringe Unglück, sagt man im Dorf.

Königswanderung

Pontresina (1774 m) – Roseg (1999 m) – Alp Surovel (2250 m) – Fuorcla Surlej (2755 m) – Crap Alv (2291 m) – Hahnensee (2153 m) – St. Moritz (1773 m), 7 Std.

Anreise: Mit der Bahn nach Pontresina. Anforderung: anspruchsvoll. Jahreszeit: Juni bis Oktober. Die Route gilt als Engadiner «Königswanderung». Höhepunkte sind: Arvenwälder; Berge Piz Rosatsch, Piz Surlej und Munt Arlas; Bergsee Fuorcla Surlej; Panoramasicht von Crap Alv und Hahnensee. Route: Vom Bahnhof Pontresina gehen wir zum Parkplatz vor der hohen Brücke, wo wir rechts dem Wanderweg ins Val Roseg folgen. Der Weg führt durch Arvenwälder und zur Strasse nach dem Hotel Roseg. Vor dem Hotel biegt der Saumweg ab und führt etwas steil durch den alten Arvenwald zur Alp Surovel. Nach einigen Kehren gelangen wir zum Restaurant Fuorcla Surlej, wo wir für den Aufstieg mit einem grandiosen Panorama und dem kleinen Bergsee belohnt werden. Der Abstieg führt zunächst über steile Kehren nach Murtèl. Bei der letzten Kehre rechts abbiegen und dem mit Steinen bestückten Weg zum Felskopf Crap Alv folgen. Dieser Ort gilt als einer der schönsten Aussichtspunkte des Engadins. Nun folgt ein steiler Weg über eine Geröllhalde in Richtung Hahnensee. Der Abstieg nach St. Moritz liegt zwischen dem See und dem Restaurant. Durch einen schattigen Wald geht es nach St. Moritz-Bad. Zwischen dem Hallenbad und dem Heilbad gelangen wir zur Posthaltestelle, von wo aus ein Bus zum Bahnhof St. Moritz fährt.

Scuol –
Mineralwasserweg im Engadin

Die Quellenorte Vulpera, Tarasp und Scuol liegen im Unterengadin in einer intakten Natur. Die Anreise erfolgt mit der Bahn von Zürich bis Landquart, dann über Klosters im Prättigau durch den Vereinatunnel nach Scuol. Diese Fahrt dauert etwa drei Stunden. Das Unterengadiner Klima ist mild-subalpin mit trockener, staubarmer Luft und viel Sonnenschein. Nebel ist selten, und Windzirkulationen sorgen für eine gute Luftreinheit. Die Dörfer liegen in unmittelbarer Nähe des Schweizerischen Nationalparks. Weder eine Autobahn noch Industrie belasten das ökologische System. Hier hat man offenbar verstanden, dass die Landschaft die alleinige Grundlage des Tourismus ist. Treffend beschreibt es der Maler Giovanni Segantini (1858–1899): «Am meisten liebe ich die Sonne, nach der Sonne den Frühling, dann die Quellen, die in den Alpen kristallklar aus den Felsen sprudeln, die in den Adern der Erde rieseln und fliessen wie das Blut in unseren eigenen Adern.»

Scuol liegt im sogenannten Engadiner Fenster: eine geologische Erosionslücke. In diesem Bereich können Gase aus dem Erdinneren nach oben dringen und sich mit dem Grundwasser vermengen. So entstehen

Erfrischendes Mineralwasser am Brunnen von Scuol.

etwa 30 Mineralquellen im Bereich Scuol-Vulpera-Tarasp, die als Heilquellen genutzt werden. Daher sprudelt aus vielen Scuoler Brunnen Mineralwasser, das natürliche Kohlensäure enthält.

Erstmals urkundlich erwähnt wird Scuol als *Schulle* – wohl «Felshügel» – im Jahr 1078, und zwar in Zusammenhang mit dem Bau einer Kirche zu Ehren «Unserer lieben Frau». Wie in St. Moritz geht aber auch hier die Geschichte in die vorkeltische Bronzezeit (1800–800 v.u.Z.) zurück. Danach folgte die Eisenzeit. Ab dem 5. Jahrhundert sind rätische Stämme im Unterengadin durch Funde belegt. Um 15 v.u.Z. unterwarfen die Römer ganz Rätien und machten es zu seiner Provinz: die Raetia prima (Zentrum Chur) und Raetia secunda (Zentrum Augsburg).

Die Mineralquellen von Scuol und Tarasp werden erstmals um 1369 erwähnt. Ihre Heilwirkung dürfte aber schon früher bekannt gewesen sein, so etwa bei Rätern und Römern. Ab dem 15. Jahrhundert gehörte eine jährliche Bäderfahrt zum bürgerlichen Stand. Das Bad Bogn Engiadina Scuol schreibt dazu: «Wer immer sich die oft aufwändige An- und Rückreise sowie die Kosten für drei Wochen Beherbergung leisten konnte, zog im Frühjahr oder im Herbst in eines der unzähligen ‹Bedli› des Alpengebietes – und dies oft mitsamt dem Hausgesinde, ja sogar einem Teil des eigenen Hausrats. Gesundheitliche Motive spielten längst nicht für alle Gäste eine Rolle. Das gemeinschaftliche Baden in grossen, gemauerten Bassins oder in Badehallen mit ganzen Reihen von Zubern oder Wannen war ebenso sehr eine gesellschaftliche Angelegenheit. Vergnügungssüchtige Bürgersfrauen zeigten sich beim abendlichen Tanz in den aufwändigen Garderoben, die sie im Heimatstädtchen wegen der strengen ratsherrlichen Vorschriften nicht zu tragen wagten. Mütter hielten nach einer guten Partie für ihre Töchter Ausschau, Junggesellen oder alleinreisende Ehemänner hofften auf amouröse Abenteuer, die sich in der lebensfrohen Atmosphäre des Kurbades viel leichter anzetteln liessen als anderswo. In den Bädern hielt man sich täglich bis zu zehn Stunden im Heisswasserbassin auf und vertrieb sich die Zeit mit allerhand Lustbarkeiten. Holzschnitte und Gemälde der Renaissance zeigen schwimmende Tablette, beladen mit funkelnden Zinnkrügen und mächtigen Schinken; manche Badegäste spielen Karten, andere singen oder lauschen den munteren Weisen, die ein paar Musikanten am Bassinrand zum Besten geben.»

Seit dem 16. Jahrhundert spielen die Mineralquellen eine bedeutende wirtschaftliche Rolle. Allein auf dem Gebiet von Scuol waren vierzehn Quellen verzeichnet. Heute kann man an fünf Dorfbrunnen das Scuoler Mineralwasser direkt ab der Röhre geniessen. Daher hiess es früher einmal: «Im Dorfe Scuol sauft jede Kuh Sauerwasser spat und fruh.» Die Gegend wurde bald zum bekanntesten Badekurort der Schweiz. Man nannte Scuol einst «Die Badekönigin der Alpen».

Immer noch ist das Quellwasser ein reicher Schatz. Im Jahr 2003 wurde von der Engadiner Stiftung Fundaziun Pro Aua Minerala ein Mineralwasserweg entwickelt. Diesen kann man entweder erwandern oder mit dem Rad abfahren. Die Hauptstrecke umfasst zwölf Quellen. Der etwa 20 Kilometer lange Weg führt mit Schlaufen und Abschweifungen nach Scuol, Ftan, Vulpera sowie ins Val Sinestra. Verschiedene Tafeln erklären auf Deutsch und Rätoromanisch die Quelle, den Quelltyp, die wichtigsten Inhaltsstoffe und Verwendungszwecke. Viele liegen an idyllischen Stellen. So die Bonifazius-Quelle mit ihrem Zauberhäuschen. Oder die Lischana-Quelle, deren magnesiumhaltiges Wasser so manchen

Das moderne Thermalbad in Scuol, Unterengadin.

Sportler anzieht. Auf Knopfdruck sprudelt das frische Quellwasser aus dem Brunnen. Bei der Clozza-Quelle befindet sich sogar ein Sichtfenster und eine Beleuchtung, so dass man auf die schäumende Felsquelle blickt. Die Cotschna-Quelle wiederum ergiesst sich wie ein Wasserfall. Sehr bekannt ist der Büglgrond-Brunnen in Unterscuol. Aus seinem Wasserhahn fliesst die Chalzina-Quelle. Manche Einwohner von Scuol, Jung und Alt, füllen ihre Wasserflaschen täglich bei den Dorfbrunnen.

Weitere Brunnen, bei denen das Wasser degustiert werden kann, sind die Carola-Quelle, deren Fassung und kleine Trinkhalle bei der Innbrücke an der Strasse von Scuol nach Tarasp zu finden ist, oder der Brunnen von Stron beim Dorfeingang von Sent. Von Juni bis September können die mineralisierten Wässer der Quellen Sfondraz, Luzius und Emerita in der Trinkhalle von Sfondraz genossen werden. Die Halle wird im Sommer als Restaurant geführt. Sie befindet sich am Inn, gegenüber der grossen historischen Trinkhalle von Tarasp.

Historische Trinkhalle am Inn von Scuol-Tarasp-Vulpera.
Darin fliessen die Mineralquellen Luzius und Emerita.

Mineralwasserweg

Wer die Mineralwasserquellen entdecken will, folgt am besten dem Mineralwasserweg der Stiftung «Pro Aua Minerala». Bei den Quellen sind Tafeln mit nützlichen Infos platziert. Ein Prospekt mit den Wegen ist bei Scuol Tourismus erhältlich.

San-Jon-Dadaint-Quelle: Ausgangspunkt ist der Parkplatz der Lischana-Hütte SAC. Man folgt zu Fuss dem Strässchen bis zur Brücke über den Lischana-Bach. Von dort geht man rechts bis zur «natürlichen Treppe» aus rötlichem Gestein und weiter zum Teich.

Lischana-Quelle: Von Scuol Unterdorf spaziert man dorfauswärts (Osten) bis zur Einmündung in die Strasse nach S-charl. Dann überquert man die Strasse, nimmt die Abzweigung Pradella, geht über die Innbrücke und erreicht die Quellfassung.

Rablönch-Quelle: Von Scuol der Hauptstrasse (Stradun) entlang, vor dem Hotel Crusch Alba nach rechts in Richtung Zentrale Pradella der Engadiner Kraftwerke, nach rund 1 ½ km links aufwärts abzweigen. Nach 250 Metern sieht man links die Quelle.

Bonifazius-Quelle: Die Quelle liegt am Inn, wenige Kilometer von Scuol in Richtung Ardez, und ist von der Kantonsstrasse aus über eine Brücke zu Fuss gut erreichbar. Im kleinen Gebäude befindet sich die Quellfassung. Erkennbar ist der Überlauf, wo das Mineralwasser in den Inn fliesst. Aus den Ablagerungen hat sich mit der Zeit ein grosser Quelltuff von rötlicher Farbe gebildet.

www.scuol.ch
Fundaziun Pro Aua Minerala: sekretariat@scuol.net

Von mythologischem Interesse sind die beiden Quellen bei Vulpera, die den Heiligen Emerita und Luzius geweiht sind. Gemäss der Legende soll Luzius ein König von Britannien gewesen sein, der im 5. Jahrhundert alle seine Güter verliess, um Missionar zu werden. Er kam nach Oberrätien und verbreitete in Graubünden das Christentum. Im Marswald von Luzi-

Ausfluss der Bonifazius-Mineralquelle in den Inn.

steig bei Maienfeld wurde er deswegen von den «Heiden» in einen Brunnen geworfen. Er konnte jedoch entkommen und gelangte nach Chur. Dort lebte er als Eremit in einer Höhle oberhalb der Stadt, dem sogenannten Luziuslöchlein, wo eine Quelle fliesst. Gestorben sei er als Märtyrer in Chur, als man ihn im Fluss ertränkte. Wie so oft ist auch diese Legende eine Mischung aus Dichtung und Wahrheit. Eines fällt jedoch auf: Luzius ist stark mit Orten des Wasserkultes verbunden. Er überdeckt zweifellos einen alten Quellenkult, der mit seiner Figur verchristlicht wurde. In Disla-Disentis kennt man einen Luziusbach und in Bad Peiden zwischen Ilanz und Duvin eine Luziusquelle. Eine weitere Spurensuche führt uns nach Südengland, also in die vermeintliche Heimat des Luzius. Hier, in Bath, einem alten (vor)keltischen Quellheiligtum, verehrte man die Göttin Sulis und einen männlichen *Leucetius*, der in römischer Zeit als *Mars Leucetius* verehrt wurde. Es könnte durchaus sein, dass der keltische Leucetius zu einem christlichen *Lucius* wurde, wie ja fast hinter jedem Heiligen eine «heidnische» Gottheit steht.

In Vulpera ist die Kapelle San Jon dem Wasserheiligen Johannes geweiht. Alte Bräuche sind in Scuol bekannt, die unmittelbar mit Quellen in Verbindung stehen und ihre Wurzeln in frühgeschichtlichen Zeiten haben. So fliesst oberhalb der Ortschaft die Vi-Quelle. Einst brannte man in ihrer Nähe im Vorfrühling den Homstrom ab. Es handelt sich um einen riesigen Strohmann, der den Winter symbolisiert und nun dem Frühling seine Regentschaft überlassen muss.

Von geschichtlicher Bedeutung ist auch Emerita, die Schwester des Luzius. Sie soll ebenfalls die Krone in England verlassen haben und ihrem Bruder nach Oberrätien gefolgt sein. In Trimmis bei Chur starb sie ihren Märtyrertod auf einem Holunderstoss. Seitdem ist dieser Baum ihr geweiht. Emerita ist einerseits eine Baumheilige, andererseits mit der Emeritaquelle bei Vulpera-Tarasp eine Wasserheilige. Ihre Legende und der Name zeigen, dass hinter ihr ebenfalls eine Göttin steht. In Frage kommt in Graubünden die alträtische Landschaftsgöttin *Reitia*. Diese wurde sowohl zu einer heiligen *Marga-Retha* der Bündner Volkstradition

Emeritastatue in der Pfarrkirche
von Trimmis bei Chur.

Figürchen der Göttin Reitia, ca. 2500 Jahre alt.
Fundort Tirol.

als auch zur *Eme-Rita* von Trimmis. In Tirol entdeckte man verschiedene Figürchen und Inschriften der Quellgöttin Reitia. Sie sind etwa 2500 Jahre alt.

In Vulpera-Tarasp-Scuol hat sich die Erinnerung an die Grosse Ahnfrau erhalten. In der mündlichen Tradition ist eine Sage bekannt, die von «zwei schönen Mädchen mit Spinnrädern» berichtet. Sie kommen zu einer Bäuerin auf einen Hof und entpuppen sich als Schicksalsfrauen. Ähnliche Sagen erzählen nur von einer Ahnfrau, oder die Schicksalsfrauen erscheinen zu dritt. Jedenfalls gleicht hier unsere Reitia (Emerita/Margaretha) der Frau Holle sowie der Mittwinterfrau Bertha mit dem Spinnrocken.

Die Schicksalsfrauen Im Unterengadin liegt Tarasp und nahe dabei ein Gehöft Vulpera. Dort hauste eine fleissige Bäuerin. Da sind an manchem Winterabend aus dem Tal unter dem hohen Piz Pisoc zwei schöne Mädchen mit Spinnrädern auf den Vulpera-Hof gekommen – in weissen Kleidern, mit flachsblonden Haaren – und haben gar flink gesponnen. Besonders gern nahmen sie den schönen glatten Flachswickel der Bäuerin auf ihren Rocken und spannen ihn der feinsten Seide gleich. Dabei aber redeten sie nicht, nur wenn ein Faden zufällig brach, sagte die eine: «Faden ab!» worauf die andere erwiderte: «Knüpf an!» Wenn ein paar Spulen voll gesponnen waren, wurden sie gehaspelt oder geweift, und dann die schönen Garnstränge an die Wand gehängt und mit Wohlgefallen betrachtet. Wenn ihre Stunde kam, erhoben sich diese nächtlichen Spinnerinnen und traten mit ihren Spinnrädern den Rückweg an, und allen Flachs, den sie gesponnen hatten, liessen sie der Bäuerin. Diese gedachte nun, als das Ende der Spinnzeit herannahte, sie müsse sich dankbar zeigen, und rüstete daher eines Abends ein grosses Essen zu. Sie besetzte den Tisch mit Milch und Butter, Speck und Eiern, Honig und Kuhkäse und Weissbrot von Schuls oder Zernez, auch roten Wein aus dem Veltlin. Da sollte nun der ganze Vulpera-Hof nebst den fremden Spinnerinnen teilnehmen. Letztere aber machten traurige Mienen, gaben der Bäuerin noch ein Garnknäuel und sprachen: «Für Deinen guten Willen! Lohn um Lohn!» Dann gingen sie und kamen nie wieder. Das Garnknäuel aber wurde niemals aufgebraucht, wieviel Stränge die Bäuerin davon auch abhaspeln mochte.

Rheinquelle –
Tomasee in Graubünden

Der Rhein ist einer der bedeutendsten Flüsse in Europa. Er ist sowohl historisch wie hydrologisch vielfältig. Und eigentlich gibt es zwei Rheinflüsse: den Vorderrhein im Surselvatal zwischen Rheinschlucht und Disentis sowie den Hinterrhein zwischen der Viamala-Schlucht und Rheinwald. Der Hinterrhein ist etwa 62 km lang und entspringt am Rheinwaldhorn. Seine Quelle ist vom Dorf Hinterrhein bei Splügen in einer vierstündigen Wanderung zu erreichen. Auf dem anspruchsvollen Weg gelangt man zur SAC Hütte Zapport (2267 m), wo übernachtet werden kann. Ein Bericht aus dem 19. Jahrhundert erwähnt, dass unmittelbar am Ausfluss aus dem Gletscher ein Tempel der Nymphen stand. Eine kleine Glocke in der Dorfkirche soll von dort stammen. Der Vorderrhein hat eine Länge von etwa 76 km und entspringt im Gebiet zwischen Disentis-Medel und dem Oberalppass. Ein bekannter Quellort ist der Tomasee (Lai da Tuma, 2344 m) in der Nähe von Sedrun. Beide Flüsse vereinigen sich bei Reichenau und fliessen nun als Alpenrhein durch das Rheintal in den Bodensee. Bei Stein am Rhein tritt er dann wieder als Fluss in Erscheinung.

Der Tomasee, den man vom Oberalppass zu Fuss erreichen kann, ist ein blauer See, eingebettet zwischen Geröll und Felsen am Fuss des Piz Badus (2928 m). An seinem Ufer hat sich ein grünes, sumpfiges Bett mit einem kleinen Mäander gebildet. Dort ist man dem Wasser sehr nahe, daher ist diese Lage am See ein beliebtes Wanderziel. Die Einheimischen nennen ihn «La tgina dil Rein», was soviel bedeutet wie «die Wiege des Rheins». Klettert man auf eine nahegelegene Anhöhe, erscheint der See wie eine liegende Gestalt oder wie eine Mandorla – der Schoss einer Ahnfrau. Daher verwundert es nicht, dass in den Sagen von einer geheimnisvollen Frau die Rede ist. Im zweiten Band der «Mythologischen Landeskunde von Graubünden» berichtet der Sagensammler Arnold Büchli von einem «eitlen Mädchen» von Tschamut. Dieses ging erst dann zur Messe, wenn alle in der Kirche waren, damit man ihre schönen Kleider sah. Nach ihrem Tod wurde die Frau auf den Piz Badus verbannt, wo sie noch heute ihre Röcke auf dem Berggipfel zur Schau trägt.

Der Berg war offenbar ein Jenseitsort, wohin die Verstorbenen gelangten. Er war aber auch ein Göttinnenberg mit einer Wetter machenden Ahnfrau. Sah man nämlich eine «Dame mit rotem Rock» und Strohhut auf dem Grat zwischen Badus und Nurschalas spazieren gehen, waren

Die Rheinquelle am Tomasee (Lai da Tuma) in der Region Disentis-Sedrun, Graubünden.

die Bauern auf einen Sturm gefasst. Sie beeilten sich, irgendwo unter Dach zu kommen. Und die Hirten, wenn sie «das Fräulein mit dem roten Reifrock» erblickten, trieben ihr Vieh an sichere Plätze zusammen. In der Volkstradition der Surselva ist diese Frau mit dem roten Rock bestens bekannt. Es ist die zur feenhaften Hirtin gewordene mythische Margaretha – die Landschaftsgöttin des Tales. Wie wir noch sehen werden, erscheint sie ebenfalls mit einem «roten Rock». Später verchristlichte man sie zur heiligen Margaretha. Der Tomasee dürfte ihre «Wiege» sein, d.h. ein Quellensee, woraus neues Leben entsteht.

Die Ahnfrau besitzt auch einen Hüter ihrer heiligen Landschaft: das sogenannte Pazolamännchen. Hirten erzählen, wie es ab und zu beim Tomasee gesehen wurde. Es ist ein graues, kleines Männchen mit kantigem Gesicht und hell leuchtenden Augen. Man sieht es die Abhänge entlang rennen und zwischen den Felsblöcken verschwinden. Wenn die Gäste der Badushütte allzulange lärmten oder ihre übermütigen Spässe trieben, klopfte es plötzlich ans Fenster und draussen stand das Pazolamännchen, um die Gäste zu ermahnen. Dieser Berggeist ist zweifellos der Beschützer sowohl des Gebietes als auch der Ahnfrau. In anderen Sagen erscheint er als Grüner Mann oder als Waldmensch.

In Deutschland und in den Niederlanden wurden Inschriften aus keltisch-römischer Zeit gefunden, die einen «Vater Rhein» (Rhenus Pater) beschwören. Die weibliche Seite des mythischen Flusses wurde schon zu jener Zeit verschwiegen. In Graubünden – und besonders in der Surselva – ist der Rhein die grosse Lebensader der Landschaftsahnin *Marga-Retha*. Sie erinnert wie die *Eme-Rita* von Trimmis an die alträtische Göttin *Reitia*. Ihr Symboltier war die Drachenschlange, die sich unmittelbar in der Landschaft erkennen lässt. Der dahinschlängelnde Rhein wurde nämlich als Drachenschlange aufgefasst. Das lässt sich zum Beispiel beim Namen *Sedrun* zeigen, einer Ortschaft oberhalb des Flusslaufes. Der Ortsname leitet sich von *Sur Dragun* ab, was soviel wie «oberhalb des Drachen» meint. In Tschamut im Quellgebiet des Rheins ist die Ahnfrau Reitia immer noch gegenwärtig. Sie wird dort auf einer Anhöhe in einem Stein verehrt. Die Leute nennen sie *Muma Veglia* «Alte Mutter». In Valendas am Rhein zwischen Ilanz und Reichenau erinnert eine wunderbare Nixe auf einer Brunnensäule an die Quellgöttin. Und bei Reichenau selbst, wo die beiden Rheinflüsse zusammenfliessen, liegt oberhalb Tamins der Kunkelspass. Dieses ganze Gebiet ist Urlandschaft der Sennerin und Alpenfee Margaretha, wie es das berühmte, rätoromanische Lied der mythischen Margaretha überliefert. Am Schluss des Liedes wird die Ahnfrau über den Kunkelspass vertrieben, und bei Pfäfers im Taminatal entschwindet sie durch die christlichen Glocken in die Niemandswelt. Eine Sage berichtet ebenfalls von der Margaretha, wie sie die Landschaft begrünt oder verdorren lässt. Und wie die Dame auf dem Piz Badus trägt sie einen «roten Unterrock».

📖 Das Land der Margaretha

St. Margaretha ist auf der Alp gewesen fünfzehn Tage weniger als sieben Sommer und war Zusenn. Keiner wusste, dass sie eine Frau war. Eines Tages geht sie den Staffel hinunter, stolpert an einem Stein und fällt auf den Leib. Dabei hat der Hirt ihren schönen, roten Unterrock wahrgenommen und wollte es dem Sennen sagen, dass der Zusenn eine Frau sei. St. Margaretha aber bittet, es nicht zu sagen, und verspricht, ihm eine Mühle zu geben, die am Tag Roggen und in der Nacht Weizen mahle, ohne dass man je ein Körnchen aufschütte. Doch der Hirt will davon nichts wissen und macht immerfort Drohungen, dem Sennen das zu sagen, was er gesehen hatte. Jetzt verspricht St. Margaretha, ihm ein Hemd zu geben, das immer weiss bleibe; je mehr man es schwärze, desto weisser werde es. Doch alles vergebens, der Hirt wollte es um jeden Preis sagen. Darauf verspricht St. Margaretha, ihm, wenn er schweige, eine Kuh zu geben, die man dreimal am Tag melken könne, und ein Schaf, das man dreimal im Jahr scheren könne. Aber alles Versprechen hat nichts geholfen, der Hirt wollte es sagen. Erzürnt hat St. Margaretha gesagt, er solle versinken bis zum Hals in diesem Gras auf der Alp, welches so duftend war und die Kühe so milchreich machte; sie hat es verwünscht, dass es vertrocknet ist und alle seine Würze verloren hat. Dieses Gras wird heute noch genannt: Gras der heiligen Margaretha.

Kleines Delta am Tomasee, der Wiege des Rheins.

Schon allein diese wenigen Beispiele zeigen, wie «weiblich» oder göttinnengleich die Surselva, die Rheinquelle und der Fluss waren. Dazu schreibt der Zürcher Konservator Heinrich Runge: «In schweizerischen Sagen zeigen sich bei Quellen und Bächen nur Jungfrauen und weisse Frauen. Grimm bemerkt, dass in der deutschen Sprache die meisten Flussnamen weiblich sind. Niemals ist in einer heimischen Überlieferung von einem Dämon des Rheins die Rede… Aus dem Rhodanus, le Rhône macht der Deutsche die Rhone.» Von einem keltischen «Vater Rhein» ist hier also nirgends die Rede. Das wusste man offenbar noch in christlicher Zeit. Denn eine Malerei in Obersaxen zeigt in der Georgskapelle eine seltsame Margaretha, wie sie ihre Drachenschlange sanft auf dem Arm trägt – es ist das Sinnbild der Ahnfrau mit der lebenspendenden Schlange. Die mythische Frau erscheint dabei in einem grünen Gewand und wiederum mit einem roten Kleid.

Und wie steht es mit dem Flussnamen Rhein? Oft wird behauptet, er leite sich vom keltischen *Renos* «der Fliessende, Rinnende» ab. In Graubünden meint jedoch Rain, Rein oder Ragn einfach «Fluss». Das Altfranzösische kennt ebenfalls ein Wort *rin* mit der Bedeutung «Fluss». In diesem Sinn ist zu prüfen, ob nicht ein vorkeltisches Wort **Rena* zugrunde liegt, das einfach «Wasser, Fluss» bedeutet.

Wandertipp

Oberalppass (2044 m) – Lai da Tuma (2344 m) – Oberalppass, 3½ Std.

Anreise: Mit dem Zug zum Oberalppass (Rhätische Bahn oder Furka-Oberalp-Bahn). Jahreszeit: Mitte Juni bis Mitte Oktober. Anforderung: mittelschwer, gute Trittsicherheit erforderlich. Route: Die Wanderung führt zunächst auf einem Fussweg talabwärts Richtung Tschamut entlang der Strasse. Bei einem kleinen Parkplatz geht es bergan Richtung Süden ins Val Maighels. Auf halbem Weg zur Maighelshütte zweigt der Weg zur Rheinquelle und zum Tomasee ab. Für die Rückkehr besteht die Möglichkeit, nach Tschamut anstatt zum Oberalppass zu wandern. Ab Tschamut fährt die Bahn regelmässig über den Pass nach Andermatt oder nach Sedrun und Disentis.

Bad Ragaz –
Die Tränen der Tamina

Bad Ragaz ist heute ein international bekannter Kurort. Die kleine Stadt liegt zwischen Sargans und Landquart. In unmittelbarer Nähe befindet sich der Alpenrhein und das Weindorf Maienfeld. Ragaz selbst ist geprägt durch den Taminafluss. Entsprechend lädt im Bad die Tamina-Therme mit einer Temperatur von 34° zur Entspannung ein. Das alte Bad Pfäfers findet man im Taminatal etwa vier Kilometer taleinwärts in einer wild-romantischen Felslandschaft. Wer in Richtung Vättis fährt, sieht ausserdem bald die Abtei Pfäfers, die um 740 am Ausgang des Tales über dem Rheintal gegründet wurde. Allerdings war diese Region schon Römern und gewiss noch früher den Kelten und Rätern bekannt. Man nennt sie daher «Porta Romana». Zur Römerzeit führte ein Handelsweg von Ragaz via Pfäfers und den Kunkelspass nach Tamins in Graubünden. Dadurch liess sich die oft überschwemmte Ebene des Churer Rheintals umgehen.

Gemäss einer Gründungslegende entdeckten um 1240 zwei Jäger der Abtei Pfäfers die warme Quelle der Taminaschlucht. Die Mönche machten sich die Heilkraft des Wassers bald zu Nutze. In den Fels wur-

Die Tamina fliesst durch Bad Ragaz im Rheintal.

Bad Ragaz – Die Tränen der Tamina

Taminaschlucht beim alten Bad Pfäfers mit den heissen Quellen.

den Löcher gehauen, worin Kranke bis zu sieben Tagen ohne Unterbruch badeten. Die Heilungsuchenden wurden in Körben an Seilen in den Felsenschlund hinabgelassen, wo die dampfenden Schwefelquellen sind. Um 1350 errichtete man über der tosenden Tamina hölzerne Badehäuser. Um 1542 verfasste Paracelsus eine Schrift über die Anwendung und Heilwirkung des Bades. Der Bädertourismus nahm seinen Lauf. Wegen des regen Zugangs wurde das Wasser um 1630 aus der Schlucht heraus an den Ort der alten Badegebäude geleitet. Eine 450 m lange Holzleitung, sogenannte Teucheln, sicherte den Zufluss des Wassers. Der Zugang war ab Valens. Nachdem im Jahr 1838 die klösterlichen Besitztümer aufgehoben wurden, baute man vom «Hof Ragaz», wie der Ort früher hiess, eine Strasse nach Bad Pfäfers und leitete das Thermalwasser heraus zu diesem Hof. Ab 1840 wurde die Siedlung zum Kurort Bad Ragaz.

Obwohl nun wie erwähnt Jäger von Pfäfers die heisse Quelle entdeckt haben sollen, gibt es auch eine andere Überlieferung. Im Sammelband «Sagen der Frau Nina Camenisch» berichtet eine Erzählung von einer jungen Frau namens Tamina. In der ausgeschmückten Romanze ist erwähnt, wie der Fluss aus ihren Tränen entsteht und in den Rhein fliesst.

📖 **Tamina** Im Calfausental sass ein weinendes Kind. Hirten von Pfäfers erbarmten sich des verlassenen Wesens. Unter ihrem Schutz erwuchs es zur lebhaften Jungfrau mit dunkelglühenden Augen. Man hatte ihr den Namen Tamina gegeben. Die Sage erzählt, dass das Mädchen einmal bei Ragaz am Rhein stand, als eben ein Holzfloss mit Purpurteppichen bedeckt den Strom hinunterschwamm. Auf dem Floss sassen junge Krieger von vornehmerem Aussehen: Friedrich der Zweite (Hohenstaufen) mit seinen Leuten. Der imponierendste unter ihnen, Hohenstaufen selbst, erregte die Bewunderung Taminas, welche als die einzige anwesende Person von den Kriegern angesprochen wurde, ihnen für heute eine

Tamina als Nymphe im Taminatal.
Zeichnung von 1920.

Herberge anzuweisen. Schneewetter hielt die Fremden mehrere Tage lang in Pfäffers. Taminas Liebe zum Königssohn wurde immer glühender, aber sie blieb stumm. Als bei kommendem Schönwetter das Floss wieder rheinabwärts fuhr, ging Tamina verzweifelnd hin zu jener Stelle im Gebirge, wo man sie als Kind gefunden, und soll sich, der Sage nach, ganz in Tränen aufgelöst haben. Die Tränen formten sich zum Fluss und flossen hinunter in den Rhein, der auf seinen Wellen Friedrich Hohenstaufen fortgetragen. Der Fluss, der immer grösser wurde, erhielt den Namen Tamina.

Zweifellos durchmischen sich in dieser Geschichte halb historische und halb sentimentale Züge. Doch Tamina, die «lebhafte Jungfrau mit dunkelglühenden Augen», ist mehr als eine Vorgängerin der Heidi-Figur. Schon oft begegneten wir der Quelle als weiblichen Erdschoss, bewohnt von Nymphen und Nixen. Ebenso ist die Identität zwischen Quelle, Fluss und mythischer Ahnfrau keine Seltenheit in der Naturmythologie vieler Völker. Hinter der «Tamina» scheint eine alte Erinnerung zu stehen, wonach der Fluss aus dem Erdkörper der Landschaftsahnin entstanden ist. Entweder geschah die Schöpfung durch ihr Schoss-Wasser oder ihre Tränen, wobei das «Auge» in der Naturpoesie eine Umschreibung für den Lebensschoss ist. Ausserdem entdecken wir nicht weit vom Taminatal weitere Wasserfrauen. Rheinabwärts im Bregenzerwald oberhalb von Schwarzenberg befindet sich das Quellwasser der heiligen Ilga. Ein Bildnis in der Ilgakapelle zeigt die Heilige, aus deren Schoss das Heilwasser entspringt. Wer die fromme Legende der Wasserfrau liest, erkennt bald einmal, dass hinter ihr eine alte Wassergöttin steht. Ebenso ist im Montavon (Vorarlberg) von einer Alm bei St. Anton die Rede, wo die «gottlose» Stadt Prazalanz gewesen sei. Dort entspringt ein Bach, der zur Ill fliesst. An der Quelle soll eine Jungfrau als Geist umgehen. Sie hütet einen kostbaren Schatz in einer Kiste, auf der eine Kröte sitzt. Um den Schatz zu erlangen, muss man die Kröte dreimal auf den Mund küssen. Die Tränen der Jungfrau fallen in den Bach, darum sei er trübe und heisse das Tränenbächlein. In ähnlichen Sagen verlangt die Jungfrau selbst den Kuss, die sich vorher aber in eine grosse Schlange verwandelt. Die Quellfrau im Montavon können wir durchaus mit der Ilga in Schwarzenberg vergleichen. Ja sie erscheint als vorchristliche Nymphe.

In einem Schulbuch des frühen 20. Jahrhunderts hat ein unbekannter Zeichner auch unsere Tamina als schönes Mädchen mit Fischschwanz dargestellt. Und wen verkörpert die Tamina? Zweifellos steht hinter ihr ein Aspekt der mythischen Margaretha. Gemäss ihrem Volkslied ging diese vom Kunkelspass ins Taminatal Richtung Vättis und Bad Pfäfers. Das Calfeisental, die Heimat der Tamina, ist interessanterweise ein Seitental bei Vättis. Margaretha selbst entschwand im nördlichen Taminatal, wo der St. Margarethenberg und die Taminaschlucht mit der heissen Quelle zu finden sind.

Beide Ahnfrauen besitzen auch einen männlichen Partner, der durch sie Tod und Wiedergeburt erfährt. Bei der Margaretha ist es ein Hirtenjunge, den sie in die Erde versinken lässt und wieder herausholt. Der Geliebte der Tamina ist nicht der adlige Hohenstaufer, wie es die Sage oben erwähnt, sondern viel ursprünglicher erscheint in Bad Ragaz der Grüne Mann. Dieser belaubte Junge geht jeweils am ersten Sonntag im Mai in der Ortschaft als Maibär umher und bringt den Frühling

Rinquelle und Serenbachfälle bei Betlis am Walensee.

(siehe Buch *Baumzauber*). Geboren wird er aus der Tamina, d.h. aus dem Fluss und der Taminaschlucht. Er begrünt die Gegend, begleitet von Glockenlärm, der die Natur erwecken soll. Am Schluss des Umzuges wird er von einer Brücke in die Fluten der Tamina geworfen. So schliesst sich der Kreislauf, und der Grüne Mann kehrt zu seinem Ursprung im Wasser zurück, um in einem Jahr wiederzukehren. Wandlung, neues Leben und Heilung versprechen sich auch die Menschen im Thermalbad der Tamina – im Schoss der Muttergöttin.

Taminaschlucht

Die Taminaschlucht lässt Besucher die immense Kraft des Wassers auf eindrückliche Weise erfahren. Das Erlebnis führt in eine dampfende Unterwelt, tief in den Felsen hinein. Schon der Schluchtweg der tosenden Tamina entlang ist faszinierend. Ein 1987 gebauter Stollen weist den neuen Weg durch das Felsinnere am Thermalwasserbrunnen vorbei bis zur Quellwasser-Grotte. Ein Schluchtenbus fährt regelmässig ab Bad Ragaz Bahnhof sowie Post, Dorfbad und Kurzentrum. Naturnaher ist der Fussweg. Die einstündige Wanderung geht der Tamina entlang und bietet genügend Zeit, die Schlucht zu entdecken oder sich für die Quelle einzustimmen. Weitere Zugänge sind: ab Valens (ca. 20 Minuten, steiler Weg!), ab Pfäfers Dorf via Schwattenfall oder ab Pfäfers/Ragol über die Naturbrücke. Dieser Weg empfiehlt sich nur für geübte Wanderer.

Rinquelle und Serenbachfälle

Wer möchte, kann von Bad Ragaz aus die Serenbachfälle und die Rinquelle am Walensee besuchen. In der Schlucht, in der die Serenbachfälle imposant in die Tiefe stürzen, tritt auch die Rinquelle ans Tageslicht. Der Wasserfall ist von Betlis aus zu Fuss in 20 Minuten erreichbar. Der Weg führt über Vorderbetlis Richtung Quinten. Die einstündige Wanderung von Weesen nach Betlis ist ebenfalls empfehlenswert. Von Betlis fährt im Sommer das Kursschiff der Schiffsbetriebe Walensee nach Weesen und zurück.

Luthernbad –
Heilwasser in Luzern

Luthernbad liegt nur wenige Kilometer südlich von Luthern im Luzerner Napfgebiet an der Grenze zum Kanton Bern. Im Tal fliesst die Luthern (1275 Lutrun), vom Fluss haben die Orte ihre Namen erhalten. Nächstgrössere Ortschaften sind Willisau und Huttwil. In Hüswil hält die Bahn der Strecke Wolhusen-Huttwil-Langenthal. Von dort fährt ein Postauto nach Luthern und Luthernbad. Dieses naturhafte Hügelgebiet ist wie die ganze Napf-Landschaft wenig besiedelt, was für Wanderungen besonders reizvoll ist.

Ins geschichtliche Bewusstsein trat der Quellenort im 16. Jahrhundert. In der Kapelle Maria Heilbronn erzählen zwei Gemälde die wundersame Geschichte des Jakob Minder. Dieser litt an Hüftschmerzen (wahrscheinlich Gicht) und wandte sich oft um Heilung an die Muttergottes. Am Pfingstsamstag im Jahr 1581 habe er wohl besonders intensiv gebetet, vermutet ein Chronist. Jedenfalls erschien dem Jakob im Traum Maria und zeigte ihm die Stelle, wo er nach einer Quelle graben sollte. Darauf ging er hinter sein Haus und öffnete mit dem Spaten eine Quelle. Nachdem er sich im Wasser gewaschen hatte, war er geheilt. Erst zwei Jahre später wurde das Wasserwunder von der Luzerner Regierung untersucht und für glaubwürdig befunden. Aus dem einsamen Waldort entstand der Wallfahrtsort Maria Heilbronn. Heute fliesst das Heilwasser aus zwei Röhren in einen Brunnentrog. Die Quelle bei der hinteren Kapelle wird vor allem von der lokalen Bevölkerung besucht. Jedoch kommen täglich auch zahlreiche Pilger aus der ganzen Schweiz, verrichten Gebete und füllen das Wunderwasser in Trinkflaschen ab. Im Volksmund nennt man deshalb diesen Wallfahrtsort «Das Einsiedeln des kleinen Mannes».

Historisch von Interesse ist die Tatsache, dass in Luthernbad früher ein Kloster der Eremiten war. Diese wurden hier ausgebildet, bevor sie in verschiedene Einsiedeleien der Schweiz zogen. Von diesem ehemaligen Kloster ist nur noch der gewölbte Klosterkeller sowie das Brennhäuschen vorhanden, wo die Eremiten ihren Schnaps brannten. Vielleicht spielen sie beim ganzen Marienwunder eine gewisse Rolle, wie Beispiele anderer Wallfahrtsorte zeigen. Dennoch bleibt zu fragen, wer in Luthernbad hinter dem Quellwunder und der Maria stecken könnte. Eine Sage berichtet denn auch eine ganz andere Geschichte. Es handelt sich um ein Mädchen aus dem Entlebuch, das die Salwidenquelle zwischen Sörenberg und Scheibengütsch entdeckt hat.

Der Brunnen bei der Wallfahrtskapelle von Luthern, Kanton Luzern.

Die Quelle von Maria Heilbronn in Luthern.

📖 **Salwidenbad** Ein Mädchen im Entlebuch hatte eine Stiefmutter, die gar neidisch war. Als diese das Mädchen wieder einmal blau geschlagen hatte, lief es davon und irrte lange in den Bergen und Wäldern beim Hogant herum. Da gelangte es an eine Quelle, die klar und sauber aus dem Berg herausströmte. Das Mädchen setzte sich hin, trank vom Wasser und reinigte seine Wunden damit. Schon nach kurzer Zeit fühlte es sich wieder völlig gesund. Das Mädchen rannte glücklich nach Hause, der bösen Stiefmutter aber erzählte es nichts von der Wunderquelle – auch wenn diese das heilende Wasser für ihre offenen Beine nötig gehabt hätte. Jahre später traf ein Jäger ein Reh nicht richtig; es rannte schwerverletzt davon. Er eilte ihm nach und beobachtete, wie es sich mit letzter Kraft in den Graben vor einer Quelle legte, sich im Wasser wälzte und dann gesund davonrannte. So fand der Jäger die Quelle wieder, wo später das Salwidenbad errichtet wurde.

Wiederum ist eine Quelle, hier die Salwidenquelle, mit einer jungen Frau verbunden. Möglicherweise ist es dieselbe Jungfrau, die im Enziloch auf den Höhen des Napf haust. In Romoos im Entlebuch lebte einst ein Bauer mit seiner Tochter auf einem schönen Hof. Doch die Tochter war eigensinnig. Eines Tages verwünschte der Vater sie ins Enziloch. Die geheimnisvolle Jungfrau hat die Macht, das Wetter zu bestimmen. Im Enziloch selbst liegen ungeheure Schätze, die sie bewacht. Jeweils am Samstag tritt die Jungfrau aus ihrer Höhle hervor. Dann kämmt sie ihre Haare wie eine Nixe am Wasser. Schon diese wenigen Beispiele zeigen, dass dem Jakob Minder eigentlich nicht die Jungfrau Maria im Traum erschienen ist, sondern eine mythische Jungfrau des Napfgebietes.

Bildnis in der Wallfahrtskapelle Maria Heilbronn von Luthernbad.

Napfwanderung

Menzberg (1016 m) – Gmeinalp (1012 m) – Chrotthütte (1067 m) – Stächelegg-Napf (1407 m) – Niederänzi (1233 m) – Luthernbad (875 m), 4½ Std.

Anreise: Mit der Bahn nach Menznau zwischen Wolhusen und Willisau. Vom Bahnhof Menznau mit dem Postauto nach Menzberg. Vom Menzberg dauert der Aufstieg zum Napf mit dem Bergrestaurant etwa 2½ Stunden. Die Aussicht ist grandios: Aussicht ins Entlebuch und in die Berner Alpen. Bei Niederänzi geht es bergab ins Lutherntal und zur Heilquelle Luthernbad. Das Napfgebiet besitzt ein feines Gewässernetz. Bäche und Flüsse haben die Nagelfluhmassen regelrecht durchsetzt. Bäche schufen Hauptfurchen, kleinere Gewässer verzweigen sich in unzählige Rinnsale. Das Wasser fliesst durch einen fast kreisförmigen Talgürtel weg. Von den höchsten Kämmen reicht die Rundsicht vom Säntis bis zu den Vogesen.

Werthenstein –
Gnadenbrünneli am Jakobsweg

Werthenstein ist eine Ortschaft an der Kleinen Emme zwischen Luzern und Wolhusen. Auf einem Hügel über dem Fluss steht die Wallfahrtskirche, die am Jakobsweg liegt. Pilger und Wanderer, die in Luzern ankommen, gelangen über Kriens, Blatten und Malters in etwas mehr als vier Stunden zu Fuss nach Werthenstein. Im ehemaligen Franziskanerkloster kann man für wenig Geld übernachten, um dann via Buholz, Geiss und Willisau nach Burgdorf weiter zu wandern. Im 17. und 18. Jahrhundert war Werthenstein neben Einsiedeln der bedeutendste Wallfahrtsort der Zentralschweiz. Die Gründungslegende – oder genauer der Gründungsmythos – spielt um 1500. Damals soll einem Goldwäscher aus den Niederlanden die Muttergottes erschienen sein. Er habe dann ein Marienbildnis am Erscheinungsort aufgehängt, so dass sich die Stätte zu einem lokalen Andachtsplatz entwickelte. Legendenhaft ist auch der Bau einer Kapelle um 1518: dabei hätten die Männer des Dorfes Holz und die Frauen und Kinder Steine aus dem Bach herbeigeschleppt. Diese Kapelle mit drei Altären fiel später der Reformation zum Opfer.

Was die Leute anzog und den Aufschwung zum Wallfahrtsort brachte, war jedoch eine wundertätige Muttergottesstatue, die im Jahr 1528 nach Werthenstein gebracht wurde. Sie stammte aus dem damaligen Wallfahrtsort Freibach in der heutigen Berner Gemeinde Gondiswil. Sie wurde vor dem Bildersturm gerettet. Bald konnte man um 1608 mit dem Bau der Kirche und um 1630 mit dem Bau des Klosters beginnen. Zum einträglichen Erfolg verhalfen auch immer wieder Wunder, so zum Beispiel das «Zwetschgensteinwunder». Es besagt, dass ein Knabe sich aus Unvorsicht einen Pflaumenstein in die Nase gestossen habe und nicht mehr davon befreit werden konnte. Als die Eltern mit dem Knaben zum Marienbild gingen, musste er kräftig niesen und war sogleich geheilt.

Nebst der Wallfahrtskirche gehört die alte Emme-Holzbrücke von 1710 am Fuss des Klosterhügels zur Sehenswürdigkeit. Von der Brücke führt ein steiler Weg zum Kloster. Unterwegs entdeckt man eine kleine Grotte mit einer Marienstatue und einem Brunnen, das sogenannte Gnadenbrünneli. Auf einer Tafel steht, dass die Quelle 1632 erstmals erwähnt, aber erst 1932 gefasst und in die Grotte geführt wurde. Die Wasserqualität sei einwandfrei. Darüber hinaus seien mehrere Wunder im Zusammenhang mit der Quelle bekannt. In der Zentralbibliothek Luzern und im Staatsarchiv liegen mehrere Akten über die Entstehung der Wallfahrt. Ebenso Beschreibungen von wunderbaren Erhörungen beim Marienbild, in der Wallfahrtskirche oder beim Heilbrunnen. Doch was verstand man damals eigentlich unter einem Wunder? Das schon erwähnte Pflaumensteinwunder, das einfach eine glückliche Wendung ist? Oder vielleicht haben wir heute eine viel zu strenge Auffassung davon, was ein Wunder ist?

Jedenfalls ist der Brunnen vorhanden und das Wasser sprudelt lebhaft aus dem Hahnen. Nicht nur Leute aus der Region kommen zur Quelle, nehmen einen Schluck oder füllen das gute Wasser in Flaschen ab. Von nah und fern kommen sie: Pilger, Wanderer und Kranke, die an die Heilkraft des Wassers glauben.

Kaum bekannt ist die vorchristliche Tradition von Werthenstein, obwohl die Sagen darauf hinweisen. Und auch die Legenden, die Wunder und die Überdeckung einer alten Ahnfrau mit der Marienerscheinung helfen uns bei der Spurensuche. So hören wir in einer Erzählung: «An der Stelle, wo heute die Kirche von Werthenstein steht, stand früher ein Schloss.» Die Anhöhe über dem Fluss war einst ein Kultplatz mit einem schönen Rundblick über die Landschaft. Ausserdem floss eine heilige

Das Gnadenbrünneli von Werthenstein, Kanton Luzern.

Quelle, die heute als Gnadenbrünneli bekannt ist, wie wir oben gesehen haben. Dieses «Schloss» war jedoch kein Versailles, sondern der Kulthügel selbst repräsentierte den geheimnisvollen Ort. Man sagt nämlich, dass auf dem mythischen Hügel «adelige Jungfrauen» wohnten, die einst den Werthensteiner Gemeindewald schenkten. Diese schenkenden Jungfrauen in einem seltsamen Schloss oder Jenseitsparadies sind in der europäischen Sagenwelt bestens bekannt. Es handelt sich um die drei Schicksalsschwestern wie die Nornen, Parzen oder Bethen, die das Land schützten und das Haus segneten. Von ihnen versprach man sich Glück, Heilung bei Krankheit und Kindersegen – genau wie später von der heiligen Maria.

Was der Goldwäscher von Werthenstein wirklich gesehen hat, berichtet eine Sage aus Wikon zwischen Zofingen und Reiden. Darin ist ebenfalls von Gold die Rede, jedoch nicht von einem Goldsucher, sondern von einem Jungen, der die Gabe hat, besondere Erscheinungen zu sehen – er ist ein sogenanntes Weihnachtskind. Dieser Junge sieht auch nicht Maria; ihm begegnet eine «schöne Frau» am Brunnen.

Wasserlandschaft bei Werthenstein, wo ein Goldwäscher die weisse Frau erblickte.

Werthenstein – Gnadenbrünneli am Jakobsweg

📖 **Die Schlossfrau am Brunnen** Hinter dem Schloss Wikon fliesst ein Brünnlein. Dort ging ein Geist umher. Aber nur Menschen, die am Weihnachtstag geboren waren, konnten ihn erblicken. Ein Knabe, der zur Welt gekommen war, als man den Heiligen Abend feierte, ging am Weihnachtstag am Schlossberg Holz suchen. Da ihn der Durst plagte, trank er vom Geisterbrünnlein. Kaum hatte das Wasser seine Lippen berührt, sah er plötzlich vor sich eine schöne Frau. Der Knabe wollte fliehen, aber die Frau rief ihn zurück, er solle keine Angst haben. Sie überreichte ihm einen kleinen Sack und trug dem Jungen auf, diesen der Mutter zu bringen. Da die Frau freundlich war, nahm er den Sack und trug ihn nach Hause. Als die Mutter den Beutel öffnete, war er voller Goldstücke. Die schöne Frau vom Brunnen aber wurde nie mehr gesehen.

Biosphäre Entlebuch

Das Entlebuch – zentral zwischen Bern und Luzern gelegen – ist das erste UNESCO Biosphärenreservat der Schweiz. Es umfasst acht Gemeinden: Entlebuch, Marbach, Escholzmatt, Flühli-Sörenberg, Schüpfheim, Hasle, Romoos und Doppelschwand. Schweizweit gibt es nur hier, im sogenannten Wilden Westen von Luzern, derart viele geschützte Moore auf so engem Raum: 44 Hochmoore und 61 Flachmoore. Hinzu kommt eine einmalige Erholungs- und Wanderlandschaft, gekrönt mit einem rauhen Karstgebiet und einer faszinierenden Bergwelt. Wer eine Reise hierher unternimmt, gelangt in eine jahrhundertealte Kulturlandschaft, die nur durch eine angepasste Bewirtschaftung erhalten werden konnte. Entsprechend versteht sich das Biosphärenreservat nicht als abgeschottete Region, sondern als naturnaher, vielfältiger Lebensraum. Diesen gilt es zu erhalten und zu schützen. Darin leben aber auch Menschen, die wirtschaften und sich entwickeln. Biosphärenreservate sind Modellregionen: Erhalten, Entwickeln und Kooperieren ist die langfristige Ausrichtung.

www.biosphaere.ch

Rigi – Das Kaltbad am Vierwaldstättersee

Der Rigi-Berg und mit ihm die Ortschaft Rigi-Kaltbad am Vierwaldstättersee gehören zu den schönsten Höhenorten der Zentralschweiz. Das einst kleine Bergdorf auf einer Höhe von 1450 m liegt auf der Südseite des Berges. Da hier meist kein Nebel aufkommt – dieser bedeckt gerne mit einem Wolkenmeer den See – herrscht das ganze Jahr über Sonnenschein. Das Panorama in die Bergwelt ist legendär, die Sonnenaufgänge, und noch mehr die Sonnenuntergänge, sind unvergesslich. Ein klassischer Anreiseweg nach Rigi-Kaltbad beginnt in Luzern, wo man das Schiff nach Weggis oder Vitznau nehmen kann. In Weggis schwingt sich eine Luftseilbahn in die Höhe zum Kaltbad, in Vitznau rattert eine gute alte Zahnradbahn den Berg empor. Dieser wird heute von Touristen-Scharen erobert, doch einst war er ein heiliger Berg mit einer Heilquelle.

Diese Quelle – eben das Kalte Bad – liegt etwas verborgen bei der Felsenkapelle von Rigi-Kaltbad. Die Michaels-Kapelle aus dem Jahr 1556 mit einer schönen Marienstatue befindet sich in einem Felsenkessel. Zunächst schreitet man durch eine hohe Pforte aus Nagelfluhblöcken, und dann betritt man einen natürlichen Innenraum. Hier am Fels sprudelt die Heilquelle aus dem steinernen Leib des Berges. Die Quelle war einst ein beliebter Wallfahrtsort, heute finden in der Kapelle gelegentlich Hochzeiten statt.

Der moderne Dreischwesternbrunnen von Rigi-Kaltbad.

Rigi – Das Kaltbad am Vierwaldstättersee

Die Quelle der drei Schwestern fliesst aus dem Felsen von Rigi-Kaltbad.

Die Gründungslegende berichtet, dass im Jahr 1540 ein gewisser Bartholomäus Joler aus Weggis vom kalten Wasser geheilt wurde. Später entstand bei der Quelle ein Badebetrieb. Das Heilwasser aus dem Drei-Schwestern-Brunnen, wie die Quelle heisst, leitete man in einen Holztrog. In diesen Trog mit dem eiskalten Wasser tauchte man mit oder ohne Kleider kurz dreimal ein. Danach erwärmten sich die Leute durch einen Lauf um die Kapelle herum. Andere Urkunden erwähnen, die Badenden sollen sich im hölzernen Trog dreimal drehen, dann um die Kapelle laufen und fünf Vaterunser, fünf Ave Maria und ein Credo beten. Zum Schluss erteilte der Waldbruder den Segen. Aufgesucht wurde die Quelle bei Rückenschmerzen und allerlei Fieber. Auch schwächliche Kinder tauchte man dreimal in das Kalte Bad. Diese bemerkenswerte Heilkur ist eigentlich nur abgehärteten Menschen zu empfehlen. Ab 1834 geschah die Wasseranwendung nach modernen Gesichtspunkten.

Die ersten Heilungsberichte setzen die Entdeckung der Quelle ins 16. Jahrhundert, wie wir gesehen haben. Dennoch darf bezweifelt werden, ob der gute Brunnen erst in dieser Zeit bekannt war. Mit ziemlicher Sicherheit betreten wir durch das Felsentor einen vorchristlichen Naturtempel – einen von der Natur geschaffenen heiligen Bezirk. Der Innenraum mit dem schmalen Felseingang erinnert aus landschaftsmythologischer Sicht an einen Erdschoss. Der sakrale Schoss der Erdgöttin wiederholt sich bei der Quelle, die bei einer riesigen Felsspalte sanft hervorquillt. Die Weiblichkeit des Quellortes ist unverkennbar, zeigt er sich doch in doppelter Natur. Die Heilungsuchenden gingen somit direkt in den Erdleib ihrer Landschaftsahnin, indem sie durch die steinerne Pforte schritten. Hier fand dann beim Wasser des Lebens die Heilung statt. Die Kraft der Ahnfrau hat geholfen, und mit neuer Energie traten die Menschen gewandelt aus dem felsigen Schoss in ein neues Leben hinaus. Transformation und Wiedergeburt waren die grossen Themen an diesem Mysterienort.

Somit verwundert es nicht, dass die Quelle Dreischwesternbrunnen genannt wird. Die Ahnfrau erscheint hier nicht nur als die Grosse Eine, sondern gleich in drei Aspekten – oder so vielfältig wie die Landschaft selbst. Eine Sage mit halb historischen und lokalen Ausschmückungen berichtet im Kern von den mythischen Ahnfrauen am Vierwaldstättersee:

Das Felsentor führt in den heiligen Innenraum der Quelle.

Rigi – Das Kaltbad am Vierwaldstättersee

Die Dreischwesternquelle fliesst aus dem Felsen hervor, der einen Erdschoss versinnbildlicht.

📖 **Der Schwesternbrunnen von Rigi-Kaltbad** Die Quelle zum Kalten Bad auf der Rigi wird auch Schwesternbrunnen genannt, weil dort drei Schwestern aus Küssnacht gewohnt und die Quelle genutzt haben. Das Volk verehrte diese Schwestern als Heilige und glaubte, dass sie noch immer unsichtbar in der Nähe weilen. Die drei schönen Schwestern waren Töchter eines Küssnachter Bauern. Als sie einmal auf den Tanzplatz gingen, fielen sie dem Landvogt sofort wegen ihrer Schönheit auf. Er gab seinen Dienern den Befehl, die Töchter in einem günstigen Augenblick zu rauben und ins Schloss zu bringen. Aber die Töchter wurden gewarnt und schlichen sich heimlich weg. Sie flohen auf die Anhöhe des Berges und verbargen sich dort für immer. Zuweilen erschienen sie den Menschen, vor allem ihren Angehörigen.

Eine Variante dieser Sage erzählt, dass sich die drei Schwestern auf den einsamen Rigi-Berg zurückgezogen hätten, weil die Gegend um Arth von wilden Kriegern bedrängt wurde. Sie wohnten nahe beim Kaltbad und waren sehr hilfreich. Oft kamen sie an Stelle des Arztes und heilten die Menschen bei Krankheit und Unfall. Als sie starben, sollen auf ihrem Grab drei helle Lichter geleuchtet haben. Man erbaute an dieser Stelle eine kleine Kapelle, neben der bald eine Quelle, Schwesternborn genannt, aus dem Boden sprudelte.

Der Dreischwesternkult (Matres) in keltisch-römischer Zeit.

Rigi – Das Kaltbad am Vierwaldstättersee

Schon sehr früh haben Volkskundler die drei Schwestern mit den drei heiligen Jungfrauen Einbeth, Wilbeth und Borbeth verglichen, die an vielen Orten Europas verehrt werden. Wir erinnern an die «drei Töchter» im Berner Oberland (Haslital) oder an den Dreifrauenkult der Region Basel. In Rafz im Kanton Zürich ist ein verborgener, heute kaum mehr bekannter «Schwesternbrunnen» überliefert. Und im Waadtland ergiesst sich ein «Riaux des filles» in den Tine-Fluss. Die mythischen Bethen wurden zu Recht auch schon «Drei Damen aus der Steinzeit» genannt. Obwohl sie erst in keltisch-römischer Zeit schriftlich fassbar und einfach *Matres* «Mütter» genannt wurden, handelt es sich bei ihnen um alteuropäische Landschaftsgöttinnen aus vorkeltischer Zeit. Ebenso erscheinen sie in der europäischen Erzähltradition als drei Spinnerinnen mit dem Lebens- und Schicksalsfaden. Für jedes Kind, das die Ahnfrauen schenken, spinnen sie den seidenen Faden, messen ihn ab und schneiden ihn durch – in einem ewigen Kreislauf von Werden und Vergehen.

Wandertipp

Rigi-Kaltbad (1450 m) – Rigi-Scheidegg (1665 m) – Urmiberg (1698 m), 4½ Std.

Anreise: Mit dem Schiff oder Bus nach Weggis bzw. Vitznau, dort mit der Bahn (Seilbahn, Rigi-Zahnradbahn) nach Rigi-Kaltbad. Jahreszeit: Juni bis Oktober. Anforderung: mittelschwer, Kinder ab 11 Jahren. Die Höhentour vom Kaltbad über die Scheidegg zum Urmiberg ist eine einmalige Wanderung. Man sieht bis zu vier Seen gleichzeitig, das grandiose Bergpanorama schliesst die Sicht auf Säntis und die Berner Alpen mit ein. Beim Kaltbad folgen wir dem Wanderweg Richtung Rigi-Scheidegg. Vorbei an First, Unterstetten und Hinter Dossen, wo wir nach links Richtung Scheidegg wandern. Auf der Scheidegg dem Wanderweg Richtung Brunnen folgen, nach kurzer Zeit geht es nach Burggeist und Gätterli, wo wir den Weg zur Seilbahn Urmiberg nehmen. Auf diesem Weg folgen Egg, Schwand und Timpel und schliesslich Urmiberg. Dort fährt eine Seilbahn nach Brunnen hinab. Bei der Talstation besteht eine Buslinie zum Bahnhof.

Riedertal –
Kindlibrunnen in Uri

Flusslandschaft im Riedertal auf dem Weg zur Heilquelle.

Das abgelegene Riedertal gehört zur Gemeinde Bürglen in der Zentralschweiz am Eingang zum Schächental. Eine Anreise geschieht über Altdorf, den Hauptort des Kantons Uri. Die Gemeinde zwischen Urnersee und Klausenpass gilt als vermutete Geburtsstätte des Nationalhelden Wilhelm Tell, der durch Schiller weltberühmt wurde. Das Riedertal ist ein in sich abgeschlossenes Tal im Süden von Bürglen. Eine Wanderung zur Riedertaler Kapelle und zurück dauert etwa zwei Stunden und beginnt bei der Lorettokapelle. Der Weg geht stetig aber in einem leichten Anstieg aufwärts. Die erste Station ist die Schrannenkapelle mit einem Heilbrunnen. Hier trinken viele Leute «mit besonderem Zutrauen, ja geradezu mit reli-

Brunnen «Tittikasten» bei der Riedertaler Kapelle. Das Wasser bewirkt die Empfängnis eines Kindes.

giöser Andacht» vom Quellwasser. Es sei ein besonders gesundes, heiliges Wasser. Speziell wohltuend und heilsam seien drei Schlücke. Der Born heisst Sankt Petersbrunnen, worauf wir noch zurückkommen werden.

Schliesslich gelangen wir zur Riedertaler Kapelle Unserer Lieben Frau. Sie ist der schwarzen Madonna geweiht, zu der viele Frauen kommen und um Kindersegen bitten. Wer den Ort genauer betrachtet, bemerkt bald, dass die Kapelle auf einem vorchristlichen Quellheiligtum steht. Unmittelbar bei der Kapelle entdecken wir einen Brunnen, der das eigentliche Ziel der Frauen ist. Vom Born trinken sie das Wasser der Erdmutter, um von ihr zu empfangen. Entsprechend heisst er in der

Volkstradition «Tittikasten», worin das Wort *Titti* «kleines Kind» oder «Puppe» bedeutet.

Die spirituelle Empfängnis von einer Quellgöttin ist in der Mythologie keine Seltenheit. Bei vielen Völkern ist sie mit einem Traum verbunden. So berichtet eine nordeuropäische Erzählung von einer kinderlosen Herzogin in Island. Eines Tages ging sie in einem schönen Hain spazieren und wurde plötzlich sehr müde. Sie legte sich nieder und schlief fest ein. Im Traum erschienen ihr drei blau gekleidete Frauen, die zu ihr sprachen: «Wir kennen deinen Wunsch, und wir wollen dir helfen. Geh zu einem Bach hier in der Nähe, in dem du eine Forelle sehen wirst. Bücke dich und sieh zu beim Trinken, dass die Forelle dir in den Mund schwimmt. Dann wirst du bald schwanger werden. Wir wollen dann später das neugeborene Kind aufsuchen und ihm den Namen geben.» Die Herzogin tat genau, wie es die drei Frauen im Traum gesagt hatten. Und nach einer Zeit gebar sie ein hübsches Mädchen.

Auch das Riedertal mit der schwarzen Madonna war einst ein vorchristlicher Hain. Zudem ein Tal geheimnisvoller Frauen, die später zu Hexen gemacht wurden. Nicht zufällig berichten die Sagen von weisen Frauen und merkwürdigen Kultsteinen. Besonders erwähnt wird eine rätselhafte Frau namens «Susanneli». Sie konnte Wetter und Regen machen, indem sie zum Bach hinunterging und einige Hände voll Wasser in die Lüfte spritzte. Auch seltsame Blumen konnte sie säen und sich zum Himmel empor schwingen. Sie ist damit eine Frau der Künste, die magisches Wissen besitzt. Sie kennt die Naturvorgänge, ist pflanzenkundig und schamanisch gebildet. Ihr männlicher Partner war ein Ziegenhirt im Riedertal, der nie in die Kirche ging, jedoch jeden Tag bei einem Kultstein einer eigenartigen Engelsmesse beiwohnte. Er erinnert an einen Herrn der Tiere oder an den Grünen Mann, der in der Wildnis lebt.

Die ursprüngliche Landschaftsahnin hiess auch im Riedertal einmal Ana-Beth. Wir begegneten dem Bethen-Kult schon auf Rigi-Kaltbad mit der Heilquelle. Die (vor)keltische *Ana-Beth* steht hinter der schwarzen Madonna oder Unserer Lieben Frau der Riedertaler Kapelle. Ihr Name veränderte sich dann zu einer «Susanna» oder «Anna», wie wir oben gesehen haben. Man schreckte auch nicht davor zurück, aus ihrer Bezeichnung einen *Peters*-Brunnen zu machen, der sich wie erwähnt bei der Schrannenkapelle befindet.

Der Brunnen «Tittikasten» bei der Kapelle ist übrigens nicht der einzige Frauenkultplatz im Riedertal. Weiter taleinwärts in einer idyllischen Lichtung erhebt sich eine riesige Steinsäule. Manche sehen darin ein menschenähnliches Bildnis oder eine phallische Form. Auf jeden Fall gilt er als Kindlistein, bei dem die Frauen der Region die Neugeborenen holten.

Wandertipp

Schattdorf (481 m) – Luftseilbahn – Haldi (1083 m) – Kapelle Sodberg (1211 m) – Böschberg (1400 m) – Sunntigsboden (1261 m) – Talberg (1041 m) – Riedertaler Chappelen – Obrieden (741 m) – Schattdorf, 4½ Std.

Anreise: Mit der Bahn nach Altdorf, dann mit dem Postauto bis Schattdorf. Jahreszeit: Juni bis Oktober. Anforderung: mittelschwer. Wir fahren von Schattdorf mit der Luftseilbahn auf das Haldi. Von der Bergstation wandern wir auf dem Strässchen bis zur Kapelle am Sodberg und dann nach wenigen Minuten Richtung Liegenschaft von Angelingen. Beim Böschberg gehen wir gegen den Waldrand über dem Riedertal zum Punkt 1405. Nun wandern wir zurück in nördlicher Richtung auf dem Pfad immer knapp der Geländekante entlang zum Sunntigsboden. Auf dieser Höhenroute hat es hübsche Plätze für eine Rast, wo wir die Aussicht geniessen. Auf dem Weg zum Sunntigsboden treffen wir auf eine Beschilderung, die uns den Weg hinunter ins Riedertal weist. Zuerst geht es recht steil über etliche Kehren den Hang hinab. Unterhalb Talberg erreichen wir den Grund. Auf dem Talweg gehen wir nun nach Nordwesten und erreichen relativ schnell die Riedertaler Chappelen. Wir wandern weiter durch das Riedertal, und nach Obrieden folgen wir dem Strässchen über die Felder bis Schattdorf. Wer ohne Auto angereist ist, kann auch bis Bürglen weiter gehen und dort das Postauto nach Altdorf oder Flüelen benützen. Die Dauer der Wanderung verkürzt sich dadurch um eine halbe Stunde. (www.tourfox.ch)

Einsiedeln –
Brunnen der schwarzen Madonna

Einsiedeln im Kanton Schwyz ist der bedeutendste Wallfahrtsort der Schweiz und ein Etappenziel für Pilger auf dem Jakobsweg nach Santiago de Compostela. Er liegt im Süden des Zürichsees zwischen dem Etzel-Berg und den Mythen im Alptal. In der Nähe befindet sich der Sihlsee. Von Zürich aus ist man heute mit der Bahn in weniger als einer Stunde vor Ort. Obwohl die Klosterkirche mit der Gnadenkapelle jährlich von unzähligen Besuchern bestaunt wird, kennt kaum jemand die volksreligiöse Tradition der Kultstätte.

Die Gründungslegende berichtet, dass Meinrad, ein Mönch des Klosters Reichenau am Bodensee, sich um 835 hierher zurückgezogen habe. Sein Weg führte ihn von der Insel Ufenau im Zürichsee über den Etzelpass nach Einsiedeln, das damals «Finsterer Wald» hiess. Daher gilt Meinrad als Begründer des um 934 entstandenen Benediktinerklosters.

Anderen Berichten zufolge war er jedoch nicht alleine im Finsteren Wald. Er traf auf eine Gemeinschaft von «Waldfrauen», die ihm eine Behausung zuwiesen sowie einen Raben und eine Marienstatue schenkten. Aus den Zusammenhängen geht hervor, dass der Wald einst ein heiliger Hain mit einer Quelle war. Verehrt wurde eine Quell- und Erdgöttin, die Heilung versprach und wie so oft durch ihr Wasser des Lebens den Frauen die kleinen Kinder schenkte. Es dürfte sich um eine schwarze Erdmutter handeln, deren Tradition später auf die schwarze Madonna von Einsiedeln übertragen wurde. Da das Kloster auf dem heiligen Hain gebaut wurde, wird gesagt, dass sich die Quelle

Die schwarze Madonna von Einsiedeln.

Einsiedeln – Brunnen der schwarzen Madonna

unter der Gnadenkapelle befindet – also direkt unter dem Bildnis der schwarzen Madonna. Das Wasser soll früher den Marienbrunnen vor dem Kloster gespeist haben. Doch als man in die Kanalisation eingriff, versiegte der Zufluss. Heute sprudelt aus den Röhren normales Leitungswasser.

Dennoch ist mit dem Brunnen immer noch eine Volkstradition verbunden. Wer dreimal von jeder Röhre einen Schluck nimmt, erlangt Glück und Genesung. Vor allem Frauen, welche dieses Ritual befolgen, sollen danach bald ein Kind bekommen. So empfangen die Frauen immer noch von der alten Quellgöttin, obwohl diese nun in der Gestalt der schwarzen Madonna erscheint und das Wasser dem Reservoir entstammt. Rituale des alten Glaubens sind eben dauerhafter als Religion oder Hydrotechnik.

Wenig bekannt ist eine Schwyzer Sage, worin einiges an alten Anschauungen erkennbar wird. Historisch gesichert oder nicht, erzählt diese doch eine ganz andere Geschichte vom Wallfahrtsort.

Der Marienbrunnen von Einsiedeln mit dem Heilwasser.

📖 **Der Marienbrunnen** Der heutige Marienbrunnen auf dem Klosterplatz von Einsiedeln mit seinen 14 Röhren soll im 14. Jahrhundert Liebfrauenbrunnen und während der zwei folgenden Jahrhunderte St.-Meinradsbrunnen geheissen haben. Man glaubt, dass er einst eine Quelle der alten Gottheiten war, zu der früher die Bewohner der benachbarten Täler gekommen seien, um hier im Waldesdickicht aus dem geheimnisvollen Rauschen des Wassers die Stimme und den Willen der Gottheiten zu erkunden. Meinrad sei selber eigentlich ein eisgrauer Quellgott gewesen, den die ansässigen Vorfahren einst hier verehrt haben. Aus diesem wurde in christlicher Zeit ein Einsiedler gemacht. Noch im 12. Jahrhundert lagen die Schwyzer mit den Mönchen in Streit und kämpften um die heilige Quelle. Denn im Lauf der Zeit kamen immer mehr Mönche, um den Quellgrund an sich zu reissen. Die besondere Weihe besitzt der Brunnen daher, dass sein Wasser unter dem Altar der Marienkapelle entspringe. Davon komme auch der Name Frauenbrunnen. Die Heilkraft des Brunnens war im Volksglauben stark verbreitet.

Der Marienbrunnen wird auch Frauenbrunnen genannt. Das Wasser soll die Empfängnis fördern.

Während die Benediktinermönche den heiligen Hain der Waldschwestern besetzten und auf dem Naturtempel eine riesige Klosteranlage bauten, entstand wenige Kilometer entfernt im Alptal ein Frauenkloster. Es handelt sich um das Kloster Au mit seiner eigenen Frauenspiritualität. Hinter dem Kloster führt ein Weg zu einem unscheinbaren Weiher am Waldrand. Von diesem Weiher holen die Frauen jeweils die kleinen Kinder. Eine junge Nonne versicherte mir, dass ihre Mutter noch zum Weiher gegangen war und sie so vom Wasser empfangen habe. Das Ritual wird an einem weiteren Ort bestätigt. Denn nicht weit vom Frauenkloster liegt der See Tiefenbrunnen. Dort lag einst am Ufer ein seltsamer Stein, der heute nicht mehr existiert. Jedoch im 19. Jahrhundert war er noch im Bewusstsein der Bevölkerung. Man sagte folgendes vom Stein: Wenn die Kinder die Ohren darauf legten, hätten sie jeweils die ungeborenen Kinder schreien gehört.

Oft wird den Pilgern erzählt, die Heilkraft des Einsiedler Marienbrunnens mit den 14 Röhren stamme von den vierzehn Nothelfern. Die älteste Darstellung des Brunnens aus dem Jahr 1460 zeigt jedoch, dass er

Weiher hinter dem Frauenkloster Au im Alptal bei Einsiedeln. Das Wasser gilt als Herkunftsort der kleinen Kinder.

ursprünglich nur sechs Röhren hatte. Somit greift das fromme Zahlenspiel aus neuerer Zeit ins Leere. Es ist für Gläubige gedacht, die keine Möglichkeit haben, eine religiöse Aussage zu hinterfragen. In der Volksüberlieferung blieb der Born immer der Liebfrauenbrunnen, eine Umschreibung, in der stets auch die Erinnerung an die alte Quellgöttin mitgemeint ist. Wie stark der Marienbrunnen im Bewusstsein der Bevölkerung war, zeigt eine kleine Anekdote aus der Franzosenzeit. Als Napoleons Soldaten auch in Einsiedeln einmarschierten und brandschatzten, wollte eine Gruppe Gewalttätiger den Marienbrunnen zerstören. Da trat mutig eine Wirtstochter hervor, ging zum Offizier und bewirkte mit Geld, dass der Brunnen verschont blieb.

Wandertipp

Rapperswil (409 m) – Pfäffikon (420 m) – Etzelpass (950 m) – Tüfelsbrugg (838 m) – Galgenchappeli (935 m) – Einsiedeln (902 m), 4½ Std.

Anreise: Mit der Bahn nach Rapperswil. Klassische Route vom Zürichsee nach Einsiedeln. Von Rapperswil geht es über den Steg zur Landzunge Hurden, von dort bis zum Bahnhof Pfäffikon und durch das Dorf zum südlichen Ende mit Anstieg Richtung Etzelpass. Zunächst führt ein Pfad bergan nach Luegeten (Blick auf den Zürichsee), dann geht man etwas der Fahrstrasse entlang. Schliesslich kommt ein leicht ansteigender Waldweg mit Lichtungen zum Etzelpass. Unterwegs entdeckt man den Meinradsbrunnen am Fahrweg. Vom Gasthof bei der Meinradskapelle führt ein Wanderweg zum Etzel Kulm (1098 m). Wer diesen Abstecher wählt, muss mindestens mit einer zusätzlichen Stunde rechnen. Dennoch wird der etwas steile Anstieg mit einem wunderbaren Ausblick auf das Vrenelisgärtli beim Glärnisch und auf die Mythen-Berge belohnt. Vom Etzelpass geht es weiter zur Teufelsbrücke mit einer Erinnerungstafel an den 1493 hier geborenen Arzt Paracelsus. Dahinter geht ein Wiesenweg nach rechts, wonach man bald auf eine asphaltierte Strasse kommt, die direkt nach Einsiedeln führt.

Undervelier –
Quellgrotte im Jura

Undervelier ist eine kleine Ortschaft im Kanton Jura im Bezirk Delémont. Südlich der Siedlung befindet sich die Gorges du Pichoux, nördlich die Schlucht der Sorne, von wo aus man nach Bassecourt und St. Ursanne gelangt. In der Nähe dieses unscheinbaren Dorfes, und leider direkt an der Strasse, entdecken wir bei Les Forges eine der bedeutendsten Quellgrotten der Romandie. Es handelt sich um die Grotte «Sainte-Colombe» in der unteren Sorneschlucht. Gleich bei der Strasse befindet sich ein kleiner Parkplatz, der rege von Besuchenden benützt wird, die in der Grotte die Quelle aufsuchen. Gegenüber der Strasse fliesst die Sorne in einem mit Büschen bewachsenen Wald. Vor der Grotte liegt eine kleine Gartenanlage mit einem Weg zur Kulthöhle. Der Eingang ist enorm: bis zu sieben Meter hoch und 26 Meter breit. Ein Felsdach spannt sich bis dreissig Meter in den Fels hinein. So hat die Natur die Kalkschichten des Jura geformt. Ganz im Hintergrund, etwas im Dunkeln verborgen, entspringt aus dem Fels eine Karstquelle. Ihr Wasser wurde in ein steinernes Becken gefasst. Über dem Wasserbecken

Die Quellgrotte der Sainte-Colombe bei Undervelier, Jura.

und der lebhaft sprudelnden Quelle erhebt sich die Statue der Colombe. Sie ist meistens mit einer Blume geschmückt, ebenso umrahmen Blumen das Becken der Heiligen.

Häufig kommen Kranke zur Grotte und bitten um Genesung. Vor allem Mütter mit rachitischen Kindern sollen kommen. Die Kleinen erhalten dann eine «kräftigende Dusche» unter dem Wasserstrahl. Auch von körperbehinderten Erwachsenen hört man, sie seien gesund aus der Höhle herausgetreten. Während meines Besuches kratzte der Messdiener gerade die Reste der brennenden Kerzen von einem Rost. Die Höhlenwallfahrt war gerade vorbei, die jeweils am 15. August stattfindet. Ein Mann stand barfuss und mit aufgekrempelten Hosen im eiskalten Wasser und betete andächtig. Solche Inbrunst wird nicht von allen gerne gesehen. Meistens stehen die Leute um das Becken herum, wenden sich der Colombe zu und füllen abschliessend von ihrem Wasser in Flaschen ab. Es gibt aber auch den flüchtigen Besuch. So kam eine Frau kurz herein, während ihr Mann im Auto draussen wartete.

Doch wer ist eigentlich die heilige Colombe? Im Jura gibt es verschiedene Berichte über sie. So soll sie eine Gefährtin des irischen Missionars Columban gewesen sein. Diese Anschauung beruht eher auf der Namensgleichheit als auf historischen Tatsachen. Die offizielle Lehrmeinung verbindet sie mit der hl. Kolumba von Sens in Frankreich. Von ihr gibt es eine ausführliche Legende, ihr Kult soll schon im 6. Jahrhundert verbreitet gewesen sein.

📖 **Die hl. Kolumba** Kolumba wurde in Saragossa, Spanien, im 3. Jahrhundert geboren. Sie entstammte einer adeligen Familie, die nicht christlich war. Die Prinzessin selbst soll eine Maurin gewesen sein. Mit 16 Jahren zog sie mit einigen Gefährten ins römische Gallien (Frankreich). Unterwegs litt die Gruppe grossen Durst. Da begann Kolumba zu beten, worauf eine klare Quelle aus dem Boden sprudelte. Nachdem sich alle gestärkt hatten, ging die Reise weiter nach Vienne in der Dauphiné. Hier wurden sie getauft. Zu dieser Zeit herrschte aber der römische Kaiser Aurelius (270–275), der ein entschiedener Gegner der Christen war. Kolumba und ihre Gefährten wurden denunziert und vor Gericht gestellt. Alle wurden hingerichtet, ausser Kolumba. Da sie von adeliger Herkunft war, wurde sie begnadigt. Man steckte sie ins Gefängnis, wo sie weinte, weil sie keinen Märtyrertod sterben durfte. Aurelius liess sie eines Tages zu sich kommen und fragte, ob sie an seinem Hof leben möchte. Kolumba wies den Kaiser ab und wollte Christin sein. Wütend verurteilte er sie zum Scheiterhaufen, jedoch sollte sie vor dem Flammentod einem Lustmolch in die Hände gegeben werden. Als dieser sich näherte, ihre Jungfräulichkeit zu nehmen, erschien plötzlich eine Bärin, welche Kolumba beschützte. Nach diesem Wunder bekehrte sich der Mann. Aurelius befahl darauf, dass man sie in seinem Kerker verbrennen sollte. Doch die Bärin bewachte abermals den Eingang mit ihren Krallen und Zähnen. Nun steckte man beide in einen Käfig, an den die Henker Feuer legten. Die Bärin ersuchte hierauf die Jungfrau Maria, Kolumba zu schonen. Ein wundersamer Regen fiel darauf vom Himmel und löschte das Feuer. Und auch der Käfig öffnete sich, so dass beide heil hinaustreten

Statue und Wasserbecken der Colombe in der Quellgrotte.

konnten. Schliesslich wurde Kolumba durch das Schwert hingerichtet, eine Strafe, die Adeligen vorbehalten ist. Ihre Leiche wurde auf einem Feld den wilden Tieren ausgesetzt. Eines Tages erblickten die Diener des Eigentümers auf dem Feld einen Ochsen mit leuchtenden Hörnern. Neben ihm lagen die Knochen der jungen Frau. Die Diener berichteten die seltsame Erscheinung ihrem Herrn, der blind war. Als dieser sich dem Leichnam näherte, erhielt er das Augenlicht wieder. Die Reliquien der Heiligen ruhen im nordfranzösischen Sens, wo Kolumba am 31. Dezember im Jahr 273 hingerichtet wurde.

Diese phantasievolle Legende wurde wahrscheinlich erst im frühen Mittelalter im Umkreis des Klosters Sens zwischen Paris und Troyes geschrieben. Die Reliquien und das Kloster wurden 1792 zerstört. Überschneidungen mit anderen Legenden sind unübersehbar. So mit der Legende der hl. Richardis und der hl. Odilie – beide im Elsass beheimatet und mit einer Bärengeschichte verbunden. Ebenso soll der hl. Ursicinus von St. Ursanne in einer Grotte mit einem Bären gewohnt haben. Eines ist jedoch besonders auffällig – Kolumba ist fest mit dem Wasser verknüpft: Sie lässt eine Quelle für ihre Gefährten hervorsprudeln, sie wird in Vienne mit Wasser getauft, Regen fällt über sie, und schliesslich ist ihr die Quelle bei Undervelier geweiht. Wie jedoch Kolumba in den Jura kam und bald als Colombe Verehrung fand, erwähnt die Legende nicht.

Lokale Volkstraditionen berichten, dass sie einige Zeit im Jura in der Höhle bei Undervelier verbracht habe. Ebenso in einer weiteren Höhle, die gleichfalls Colombe genannt wird: «La vraie Grotte de la Sainte Colombe». Diese befindet sich auf einer Anhöhe Frenois der Flur la Côte du Droit, welche die Ortschaft Soulce überragt. Heinrich Runge schreibt dazu: «Bei Courfaivre im Jura liegt unweit eines Hexentanzplatzes und mehrerer Feenkreise die Grotte der heiligen Columba und bei derselben sprudelt der Brunnen der Einsiedlerin, aus welchem sie zu trinken pflegte und der als geweiht betrachtet wird. Es heilt alle Krankheiten und die Mütter pflegen ihre verkümmernden Kinder in das eiskalte Wasser zu tauchen. Eine andere Höhle und einen anderen gleich wirksamen Brunnen derselben Heiligen sieht man bei Undervelier am Ufer der Sorne.» In beiden Grotten habe Colombe einen Altar errichtet sowie die Höhlen abwechselnd besucht. Die Berichte sind nicht immer genau, und es kann durchaus sein, dass es mehrere Grotten der seltsamen Frau gegeben hat. Wie dem auch sei, erwähnt wird Colombe erstmals im 13. Jahrhundert in den Pfarrbüchern von Undervelier. Ende des 18. Jahrhunderts stiftet ein Sigismund von Roggenbach zwei Statuen für die Quellgrotte: eine stellt die Heilige dar, die andere einen Bären, der ebenfalls in dieser Höhle Schutz gesucht haben soll.

Ganz anders erklärt der Jura-Forscher Auguste Quiquerez im 19. Jahrhundert das Phänomen. Er nimmt eine Priesterin (Druidin) für die Heiligkeit des Ortes an. Diese habe in einer kleinen Höhle in der Talflanke gelebt. Jeden Tag sei sie herunter gekommen, um sich in der Quellgrotte neu zu beleben – also am Jungbrunnen. Später sei dann der keltische Kult christianisiert worden.

Tatsächlich besuchte man diesen Kultplatz schon lange vor der Christianisierung. Verschiedene Grabungen förderten Funde aus der Jungsteinzeit zu Tage, aber auch Tonscherben aus der Bronzezeit kamen zum Vorschein. Ebenso fand man Spuren aus der Römerzeit und aus

Die Felsöffnung beim Quellbecken gleicht einem Erdschoss.

dem Mittelalter. Somit ist der Zeithorizont der Kulthöhle enorm: seit mehreren tausend Jahren wird die Grotte von Menschen aufgesucht.

Zweifellos steht hinter der Colombe eine alte Quellgöttin, deren Priesterinnen ebenfalls ihren Namen trugen. Im Jura gesellt sie sich zu den zahlreichen Feen, die in Höhlen hausen und den Menschen hilfreich sind. Erinnert sei nur an die Schätze hütenden Feen von Vallorbe, die in der Höhle Grottes aux Fées zuhause waren, sowie an die Nixe vom Doubs von St. Ursanne, die einer fischschwänzigen Melusine gleicht. Oder an die Grosse Landschaftsahnin des Jura, die Tante Arie, die in wasserreichen Höhlen wohnt und im Dezember jeweils die Menschen beschenkt. Zufall oder nicht, auch unsere Colombe hat ihren Festtag am 31. Dezember.

Aus landschaftsmythologischer Sicht liegt die Grotte in einer sehr weiblichen Umgebung. Die Sorneschlucht mit dem Fluss bildet einen riesigen Erdschoss, worin die örtliche Quelle «Blanches Fontaines» hervorquillt. Dieses Sinnbild im Grossen wiederholt sich bei der Höhle im Kleinen. Denn die Höhle ist ebenfalls ein enormer Erdschoss mit der Heilquelle darin. Und nicht zuletzt bildet die Quelle selbst nochmals einen wasserreichen Erdschoss unmittelbar am Felsen.

Moorsee Etang de la Gruère

Saignelégier (982 m) – La Tuilerie – Sous la Neuve Vie – Les Cerlatez – La Theurre – Etang de la Gruère (1054 m) – Petite Teurre – Gros Bois Derrière – La Paturatte – Le Cernil – Tramelan (881 m), 4 Std.

Anreise: Mit der Bahn nach Saignelégier. Dann folgt die genussreiche Höhenwanderung durch die Hochmoorgegend der Freiberge. Höhepunkt ist der Moorsee Etang de la Gruère: Hinter einem Wald versteckt liegt in einer der schönsten Moorlandschaften der Schweiz dieser Teich im Jura. Ein angelegter Weg führt in einem etwa einstündigen Spaziergang um den Teich herum und vermittelt den Eindruck, in eine skandinavische Landschaft versetzt worden zu sein. Trotz des niedrigen Wuchses sind einige Bäume über hundert Jahre alt. Charakteristisch für das Wasser des Teiches ist die dunkle Farbe. Diese geheimnisvolle Färbung ist das Ergebnis des Zersetzungsprozesses, der aus organischem Material Torf macht. Die Torfschicht beträgt stellenweise bis zu acht Meter. Aber Achtung, es ist ein Naturschutzgebiet: Alle Besuchenden müssen sich genau an die Vorschriften halten, der Wanderweg darf nicht verlassen werden. (www.watchvalley.ch)

Moorsee und Naturschutzgebiet Etang de la Gruère im Jura.

Vallorbe –
Feengrotte und Orbequelle

Vallorbe liegt zwischen dem Neuenburgersee und dem Lac de Joux ganz im Westen der Schweiz an der Grenze zu Frankreich. In der Nähe befinden sich der Mont d'Or auf den Jurahöhen sowie die Ortschaft Romainmôtier mit dem berühmten Kloster. Eine der Sehenswürdigkeiten bei Vallorbe ist die Schauhöhle «Grotte de l'Orbe». Sie wurde 1974 der Öffentlichkeit zugänglich gemacht und weist einen Höhlenrundgang im Bereich der Orbequelle auf. Sehr beliebt ist auch die Mineralienausstellung, die als eine Art Märchenwelt präsentiert wird. Die Anreise erfolgt über Yverdon entweder mit der Bahn oder mit dem Auto. Ein Parkplatz steht zur Verfügung. Von diesem führt ein Fussweg dem Fluss entlang, der im schattigen Tal klar und glitzernd im steinigen Bachbett hinabfliesst. Schon nach wenigen Schritten befinden wir uns in einer anderen Zeit in einem anderen Land – Feenlandschaft. Bei einer kleinen Brücke steht dann auch schon angeschrieben: Grotte aux Fées «Feengrotte». Wer hier nicht abzweigen möchte, gelangt geradeaus zur Quelle der Orbe (Source de l'Orbe) und zur oben erwähnten Schauhöhle.

Flusslandschaft bei der Orbequelle in Vallorbe, Waadtländer Jura.

Orbequelle und Wasserbecken, worin die Feen des Jura badeten.

Die Orbe, auf Deutsch Orbach, mündet als Thielle bei Yverdon in den Neuenburgersee. Ihr eigentlicher Ursprung befindet sich in Frankreich nördlich des Juragipfels La Dôle. Sie fliesst dann in den Schweizer See Lac de Joux. Darin versickert das Wasser und erscheint erst wieder vier Kilometer weiter als unsere Karstquelle Source de l'Orbe im Talkessel von Vallorbe. Schon sehr früh wurde diese imposante Quelle, die aus einem bemoosten Felsspalt hervorquillt, mit Mythensagen versehen. So berichtet eine Sage von der legendären Königin Bertha, die dem Land viel Gutes erwies. Es wird erzählt, dass sie im Winter in einem weissen, leuchtenden Gewand erscheint und aus einer vollen Futterschwinge die Saat über Berg und Tal ausstreut. An Weihnachten soll sie, begleitet von anderen Wesen, umgehen und in die Häuser eintreten. Dort schaut sie, ob die Spinnrocken ordentlich gesponnen sind.

Unsere Mittwinterfrau gesellt sich aber auch zu den Feen im Jura. Diese hausten in den steilen Hängen in Höhlen, und so auch in unserer Feengrotte von Vallorbe. Sie liessen niemanden ungestraft in ihre unterirdischen Gewölbe eindringen. Eine der Feen, so heisst es, liess sich jeden Palmsonntag (Sonntag vor Ostern) von weitem sehen. Sie führte ein weisses Lamm an ihrer Seite, wenn es ein fruchtbares Jahr gab, jedoch eine rabenschwarze Ziege, wenn schlechte Zeiten drohten. Sie erinnert damit an die geheimnisvolle Frau auf dem Pilatus, die ebenfalls von Ziegen begleitet war. Eine weitere Fee badete um Mitternacht im blauen Becken der Orbequelle. Zwei Wölfe umkreisten das Becken, um Menschen fernzuhalten.

Diese Feen erinnern an andere Quellgöttinnen. Sie repräsentieren den heiligen Erdschoss, aus dem das Wasser des Lebens strömt. Sehr schön wird dies mit dem Baden der Fee in der Orbequelle ausgedrückt. Sie ist nicht nur Schenkerin des Lebens oder bewirkt Verjüngung. Wie oben beschrieben, erscheint sie auch im schwarz-weissen Aspekt der Schicksalsfrau. Die Ahnin bringt den Frühling genauso wie den Herbst und den Winter. Dann ist sie die schwarze Tod-im-Leben-Göttin – die Grosse Schnitterin der Unterwelt. Unsere «Königin Bertha» besitzt zweifellos gewisse Züge der feenhaften Landschaftsahninnen. Aber auch die mit Heilung verbundene Wasserheilige Colombe von Undervelier darf nicht isoliert von den einstigen Feen-Göttinnen des Jura betrachtet werden.

Damit kommen wir zur Feengrotte selbst. Sie war schon vor hundert Jahren bekannt. Es handelt sich um ein Trockenbachbett, das an eine Steilwand führt. Nur noch selten ergiesst sich aus einem Mundloch in der Wand ein Bach. Am Eingang befindet sich eine Informationstafel mit einem Höhlenplan. Eine Taschenlampe genügt, wenn man nicht in alle Ritzen am Ende der 134 m langen Höhle kriechen will. An den meisten Stellen bietet sie den Besuchenden genügend Platz, um aufrecht zu stehen. Die Höhle ist frei zugänglich. Jedoch sollte man davon absehen, Feuer zu machen oder irgendwelche «Autogramme» an den Wänden zu hinterlassen. Schliesslich befinden wir uns hier im Bauch der Mutter Erde – im geheimnisvollen Reich der Orbe-Feen. Manchmal können diese recht schicksalshaft werden, wenn zum Beispiel nach einem starken Regen in der Grotte ein tiefer Bach herabströmt.

Wie die Flussgöttin Tamina von Bad Ragaz ihren Maibär besitzt, die mythische Margaretha in Graubünden einen Sennenjungen und die sagenumwobene Susanna des Riedertals einen Hirten, so zeigt sich auch bei den Feen von Vallorbe ein männlicher Partner. In einer Sage erscheint er als junger Schmied aus dem Dorf, der um jeden Preis die Feenhöhle entdecken möchte. Viel hat er in den langen Winterabenden von dem unheimlichen Ort gehört, doch nun will er sich auf den abenteuerlichen Weg machen.

📖 **Die Feengrotte von Vallorbe** Wenn es im Winter einschneite und kalt wurde, kamen die Feen auch ins Dorf und traten in die verlassene Schmiede ein. Dort wärmten sie sich an der Esse. Jedes Hirtenbüblein wusste, dass sie grosse und schöne Frauen in weissen Kleidern waren, die bis auf den Boden gingen und ihnen die Füsse bedeckten. Auch konnten die Feen wundervoll singen. Das feinste aber war ihr reicher Haarwuchs, denn ihre Haare gingen wie ein goldener Mantel rund um die Schultern.

Damals befand sich in einer Schmiede ein Jüngling von achtzehn Jahren. Sein Name war Donat. Er hatte viel von den Feen gehört. Eines Tages kletterte er mutig an den Felsen von Vallorbe hinauf und stand erwartungsvoll vor der Höhle. Er schlich sich hinein, und nach einigem Herumtasten gelangte er in ein zweites Stockwerk. Dort stiess er auf ein Bett von Moos und Farnkraut. Ermüdet warf er sich auf das Lager und schlief ein. Nach einer Weile erwachte er plötzlich. Da stand vor ihm eine schöne, weisse Frau mit goldenen Haaren. Zwei Hunde begleiteten sie. Verwundert staunte sie der Jüngling an. Aber die Fee bot ihm freundlich die Hand und sagte mit sanfter Stimme: «Donat, du gefällst mir. Willst du bei mir bleiben? Ich will dich hundert Jahre glücklich machen, dich köstliche Metalle, gesunde Kräuter und allerlei Geheimnisse kennen lehren. Du wirst in die Gesellschaft meiner Schwestern in die Grotten von Montcherand (bei Orbe) aufgenommen werden. Sie werden dich unterrichten und unterhalten.» Glücklich willigte der Jüngling ein. Da sagte die Fee: «Aber du darfst mich nur dann sehen, wenn ich will. Ziehe ich mich in ein anderes Gemach zurück, so versuche nicht, dort einzudringen.» Darauf gab sie ihm zwei Geldsäckel, worein sie jeden Tag ein Goldstück und eine Perle legte.

Donat war überglücklich, denn nun lebte er in Freuden. Sobald die Mittagsglocke von Vallorbe erklang, ging plötzlich eine kleine, verschlossene Gruft auf. Dort hinein durfte der Schmiedgeselle gehen und mit der schönen weissen Frau speisen. Seine Gesellschafterin erzählte ihm

Geheimnisvolle Feengrotte oberhalb der Orbequelle bei Vallorbe.

wunderbare Geschichten. Oft auch sang sie ihm eine Ballade vor. Gegen Ende der Mahlzeit zog sie sich jeweils durch eine im Winkel des Saales angebrachte Tür zurück.

Am sechzehnten Tag jedoch packte Donat eine unwiderstehliche Neugierde. Er sah, dass die Fee die Tür wie absichtlich ein bisschen offen gelassen hatte. Eine Weile stand er davor, dann aber stiess er sie sachte auf und guckte in ein hohes Gemach. Und nun sah er auf einem Bett von rotem Samt die schöne Frau ruhig schlummern. Ihr langes, weisses Kleid war ein wenig verschoben, und mit Erstaunen gewahrte er, dass sie Gänsefüsse hatte. Er wollte sich leise zurückziehen, da erwachte die Frau und rief: «Halt, Unglücklicher! Bis jetzt war ich zufrieden mit dir. Hättest du dich während dieses ganzen Monats, in dem ich dich prüfen wollte, standhaft gezeigt, so hätte ich dich zu meinem Gemahl gemacht und alle Reichtümer mit dir geteilt. Nun aber kehre zu deiner Schmiede zurück!»

Die Fee verschwand, die Lichter erloschen. Donat tastete lange in der Finsternis umher. Als er aus der Höhle hinaustrat, rief ihm eine Stimme zu: «Donat, Verschwiegenheit!» Er zog in ein fremdes Land. Die Feengrotte aber soll seit jenem Tag von den weissen Frauen für immer verlassen worden sein.

Ob die Feen wirklich aus dem Jura weggezogen sind, darf bezweifelt werden. Ihre Quellen, Höhlen und Schluchten sind immer noch vorhanden. In der Grottes de Milandre nördlich von Porrentruy lebt die Ahnfrau als Schätze hütende Tante Arie weiter. Sie kann sich im Quellwasser in eine Drachenschlange verwandeln, die auf der Stirn einen Karfunkel trägt. In der Areuseschlucht zwischen Neuenburg und dem Val de Travers erscheint sie ebenfalls in Tiergestalt, nämlich als grosse Schlange, die ihre Landschaft hütet. In Mariastein bei Basel lebte sie als schwarze Frau im Gewölbe, worin heute die Muttergottes verehrt wird. Und auch in der Grotte der Colombe bei Undervelier sah man früher gewiss eine von Feen bewohnte Höhle. Doch warum hat unsere Vallorbe-Fee Gänsefüsse? Gemäss Nigel Pennick, einem der besten Kenner des prächristlichen Europas, erscheint die Gans schon in den Höhlenmalereien der Altsteinzeit. Sie ist ein Tiersymbol der alteuropäischen Erdmuttergöttin, die auch Hüterin der Toten war. Eine ägyptische Überlieferung bezeichnet die Gans als Schöpferin der Welt. Sie schuf das gesamte Universum in einem Ur-Weltei. In der keltischen Tradition symbolisiert die weisse Gans die helle Jahreszeit, die am 1. Februar mit dem Tag der Göttin Brigit (Maria Lichtmess) beginnt und am 1. November mit Halloween (Allerseelen) endet. Nun zieht sich die Weisse Göttin in ihre Unterwelt zurück. Die Fee mit Gänsefüssen ist ein bildlicher Ausdruck für die universelle Ahnfrau in ihrer Vielfalt.

Wandertipp

Eine schöne Wanderung führt von Vallorbe zur Orbequelle, zur Feengrotte und zum See Lac de Joux. Dauer etwa drei Stunden. Für die Besichtigung der Grotten muss etwas mehr Zeit eingerechnet werden. Anforderung: leicht. Jahreszeit: Mai bis November. Höhendifferenz: 250 m. Route: Vom Bahnhof Vallorbe geht es dem Jurahöhenweg (gelbe Schilder mit rotem Dreieck) Richtung Le Pont. Aufenthalt bei der Orbequelle und der Feengrotte, weiter nach Le Pont. Bei Saigne Geret Dessus und Les Epoisats immer auf dem Jurahöhenweg Richtung Le Pont und Lac de Joux bleiben. Seebesichtigung in Le Pont, wo Züge nach Vallorbe zurückfahren.

Orbeschlucht

Für geübte Wanderer empfiehlt sich der spektakuläre Weg durch die Orbeschlucht (Gorges de l'Orbe). Der Fluss durchströmt die felsige Schlucht in reissendem Getöse, bildet Wasserfälle und Stromschnellen. Der teilweise abenteuerlich angelegte Wanderweg – mal ganz nah am Wasser, dann wieder hoch oben in den senkrechten Fels gehauen – schlängelt sich hinauf von Orbe nach Vallorbe. Der imposanteste Teil befindet sich bei Saut du Day, wo die Orbe in mehreren Stufen ins Tal stürzt. Anreise: Mit der Bahn nach Orbe. Wanderzeit: etwa fünf Stunden. Höhendifferenz: 350 m. Jahreszeit: März bis November. Anforderung: mittelschwer. Route: Beim Bahnhof Orbe dem Wanderweg in Richtung Gorges de l'Orbe bzw. Vallorbe folgen. Vom Bahnhof Vallorbe fahren Busse zurück nach Orbe.

Areuse –
Die Schlucht der Vouivre

Die Areuse ist der bedeutendste Fluss im Neuenburger Jura. Ihre Quelle liegt in einer Klus bei der Ortschaft Saint-Sulpice. Das Wasser kommt vom sonst abflusslosen See Lac des Taillères. Dieser befindet sich etwa sechs Kilometer nördlich im Hochtal Vallée de la Brévine. Gleich nach dem Quellaustritt wird das Wasser in eine meterhohe Staumauer gezwängt. Nach dem Elektrizitätswerk fliesst das kostbare Nass zwischen Betonwänden durch Saint-Sulpice Richtung Fleurier. Bei Noiraigue (< 998 Nigra Aqua) mündet der gleichnamige Fluss in unsere Areuse. Unterhalb dieser Ortschaft darf das Gewässer etwas Freiheit geniessen und sich austoben, denn die Areuse durchbricht hier die Jurakette in einer tiefen Schlucht: die Gorges de l'Areuse. Wasserfälle und Bachläufe säumen den Weg. Doch bald ist es mit der schäumenden Lebenskraft vorbei, denn bei Boudry wartet schon das nächste Kraftwerk. Nach diesem Korsett verschwindet der Fluss endgültig im Neuenburgersee.

Quellgebiet der Areuse bei Saint-Sulpice im Neuenburger Jura.

Seit dem 14. Jahrhundert wird die Wasserkraft der Areuse an verschiedenen Stellen von Mühlen und Sägereien genutzt. In der Folgezeit wird sie immer mehr dem Willen des Menschen unterworfen. So «korrigierte» man ihren Flusslauf zwischen Fleurier und Couvet. Im Industriezeitalter führte man geradezu einen Unterwerfungskrieg, indem man die Lebensader der Landschaft mit Zement- und Elektrizitätswerken erdrückte.

Das Beispiel der Areuse steht für viele Flüsse. Immer geht es um dieselbe Beherrschung der Natur. Doch durch die Sagen wissen wir, dass man den Fluss auch als lebendiges Wesen auffasste – als eine mächtige Drachenschlange. Sie war der Fluss des Lebens, ja die Flussgöttin selbst, die sich in ihrer Tiergestalt zeigte. Immer noch nennt man in diesem Teil der Schweiz die Quellgöttin *Vouivre* «Femme Serpent» oder «Frau-Schlange». Ganz im Sinn der verwandtschaftlichen Mensch-Natur-Beziehung konnte im Jura ein Fluss «Mutter Lusine» oder eine Quelle «Tante Arie» sein. Dazu schreibt Marcel Aymé, ein Schriftsteller aus der Franche-Comté: «Die Vouivre trägt in ihren Haaren ein Diadem, das mit einem grossen Rubin besetzt ist, der so rein ist, dass das ganze Gold dieser Welt kaum ausreichen würde, um ihn zu bezahlen. Von diesem Schatz trennt sich die Vouivre niemals, mit nur einer Ausnahme, nämlich während sie sich wäscht. Bevor sie ins Wasser steigt, legt sie ihr Diadem ab und lässt es neben ihrem Kleid am Ufer liegen. Dies ist der Moment, an dem besonders Wagemutige versuchen, des Geschmeides Herr zu werden, aber das Vorhaben ist zumeist zum Scheitern verurteilt. Denn kaum hat der Räuber die Flucht ergriffen, kriechen tausende von Schlangen aus allen möglichen Löchern hervor, um den Dieb zu verfolgen. Die einzige Möglichkeit, welche dieser nun hätte, um sich in Sicherheit zu bringen, ist, sich vom Rubin zu trennen, und das Diadem der Vouivre weit weg zu werfen.»

Beim Lesen dieser Zeilen drängt sich die Frage auf: Sind wir nicht alle Räuber des Vouivre-Schatzes? Ihrer Lebenskraft?

Die Vouivre (< guivre < vipera) wohnt in Flüssen und Teichen. Dort hält sie sich gerne auf, um zu trinken und zu baden. Aber sie liebt auch die Grotten und das Moor. Doch ab dem Mittelalter sollte damit Schluss sein. Das Val de Travers wurde ein wichtiger Durchgangsort zwischen dem Schweizerischen Mittelland und Frankreich. Viele Bewohner des

Tales lebten vom Einkommen, das der Verkehr mit sich brachte. Bei Regen trat jedoch die Areuse über die Ufer und die Strasse wurde unbenutzbar. Wenn die Areuse Hochwasser führte und sich durch das Schwemmland wand, verglichen die Leute sie mit einer riesenhaften Schlange. Daraus entstand die Sage der Vouivre. Früher hatte der Fluss seinen benötigten Platz und das fruchtbare Schwemmland war ein Segen. Nun störten die Überschwemmungen den Verkehr. Bevor der Fluss gebändigt werden konnte, musste die Ahnfrau in Tiergestalt dämonisiert werden. Und dann kam der «Befreier», der Drachentöter im Krieg gegen die Natur. Dies ist der kulturgeschichtliche Hintergrund in der Sage von der Areuse-Vouivre.

Die Areuse-Vouivre Im 14. Jahrhundert lebte im kleinen Tal von Vouivra, nahe bei St-Sulpice, ein entsetzliches Tier, eine Riesenschlange mit einem Drachenkörper. Sie versetzte Reisende in Angst und Schrecken, da sie manchmal ein Tier, zuweilen eine Person entführte und so dem Handel bedeutenden Schaden zufügte. Ein Mann, der Sulpy Raymond hiess,

Die dämonisierte Vouivre wird von Reymond Sulpy getötet. Die Drachenschlange symbolisiert die Areuse und ihre Lebenskraft.

entschloss sich, gegen das Ungeheuer anzutreten, um das Tal von diesem Unheil zu befreien. Ehe er es angriff, beobachtete er es einige Zeit, um sich mit seinen Gepflogenheiten vertraut zu machen. Er hielt sich in einer Holzkiste versteckt, die er eigens zu diesem Zweck gezimmert hatte. An einem heissen Tag kehrte das Ungeheuer, nachdem es die Kiste wie gewöhnlich umrundet hatte, in seine Höhle zurück und schlief ein. Sulpy schoss einige Pfeile ab, dann immer mehr. Er fasste sich ein Herz und verliess seinen Unterschlupf, denn er glaubte, die Schlange sei nun zu schwach, um sich zu wehren. Doch es erging ihm übel, als er so klein vor dem fürchterlichen Tier stand, das sich ungestüm gebärdete und sich heftig wehrte. Der Kampf war gewaltig, endete aber zu Gunsten des Mannes, der seinem Gegenüber unzählige Wunden zugefügt hatte. Endlich streckte er es nieder. Freilich war auch er verletzt. Triumphierend brachte er das Haupt des Ungeheuers als Beute ins Dorf zurück, den Körper hatte er verbrannt. Kurze Zeit darauf erlag auch er seinen Verletzungen.

Diese Sage hat durchaus ihren Doppelsinn. Denn es stirbt ja nicht nur die Natur, die Vouivre-Ahnfrau, sondern auch der Drachentöter, der Beherrscher der Areuse. Er ist Sinnbild für einen Mann, der die Strassen in der Landschaft falsch baut. Seine Enkel setzen den Kampf fort, indem sie rücksichtslos Zement- und Elektrizitätswerke am Fluss bauen. Was wäre also zu tun, um diesen unheilvollen Kreislauf zu durchbrechen? Sehen wir in der Areuse wieder ein lebendiges Wesen, mit dem wir verwandt sind! Geben wir ihr Platz und renaturieren sie, damit sie ihre Lebenskraft von neuem entfalten kann!

Wandertipp

Die klassische Wanderung durch die Areuse-Schlucht beginnt in Noiraigue (729 m) und endet in Boudry (460 m) am Neuenburgersee. Anreise: Mit der Bahn nach Noiraigue. Jahreszeit: März bis November. Anforderung: leicht. Höhendifferenz: 300 m. Wanderzeit: 2½ Std. Heimreise ab Bahnhof Boudry und Neuenburg. In Noiraigue ist vor der Wanderung die Karstquelle sehenswert, welche direkt beim Dorf entspringt. Route: Am Bahnhof Noiraigue finden wir die Schluchtenwanderung angegeben. Wenige hundert Meter entfernt befindet sich der obere Eingang der Areuseschlucht. Die gelben Wanderschilder mit der Aufschrift Boudry weisen den Weg. Zunächst geht es der Bahnlinie entlang, dann verengt sich das Tal. Bei der Mühle Champ du Moulin wechselt der Weg auf die andere Flussseite. Nun folgt die eigentliche Passage durch die wilde Schlucht mit dem schäumenden Wasser.

Die Areuse-Schlucht
zwischen Boudry und Noiraigue
im Kanton Neuenburg.

Ascona –
Madonna della Fontana

Ascona liegt unmittelbar in der Nähe von Locarno im Maggiatal am Ufer des Lago Maggiore. Am Nordhang des berühmten Hügels Monte Verità, Richtung Losone, entdeckt man an der Strasse nach Ronco sopra Ascona im Laubwald die Wallfahrtskirche Madonna della Fontana. Wie der Name schon sagt, handelt es sich um einen Quellenort. Bei Trockenheit bitten die Tessiner die Madonna um Regen. Neben der Kirche befindet sich ein gemütliches Grotto. Es ist einer der wenigen Gasthöfe, wo Quellwasser die Vorratsräume kühlt. Im angenehmen Garten wird typische Tessiner Küche serviert.

Erstmals erwähnt wird der Wallfahrtsort um 1428, der bestehende Bau entstand um 1617. Leider versiegte die ursprüngliche Quelle durch Menschenhand. Als man unter dem Monte Verità einen Strassentunnel baute, bemerkten die Leute in Madonna della Fontana, dass das Wasser nicht mehr floss. Seither wird Quellwasser aus der Nähe in die kleine Grotte geleitet. Dennoch ist die Wallfahrt geblieben, die jeweils am 15. August stattfindet. Auch das kleine Ritual, einmal im Jahr das «heilkräftige» Wasser zu trinken, wird noch gepflegt. Doch wie kam es zu dieser Kultstätte? Eine Legende gibt darüber Auskunft.

Brunnen Madonna della Fontana bei Ascona.

Für die Tessiner heisst die Madonna «Unsere liebe Frau der Quelle, die Sprache schenken kann». Im 15. Jahrhundert begab sich eine Hirtin mit ihren Ziegen in den kühlen Wald, denn es war ein heisser Sommertag. Das Mädchen war von Geburt an stumm. Am Tag zuvor verdurstete ihr eine Ziege, was dem Patron gar nicht gefiel. Er drohte dem Mädchen mit Schlägen, sollte wieder ein Tier verenden. Da bat die Hirtin die Muttergottes um Hilfe, jedoch nicht für sich selbst, sondern für die Durst leidenden Tiere. Kaum war ihr stummer Wunsch verhallt, sprudelte eine Quelle aus dem Boden. Gleichzeitig war auch die Stummheit des Mädchens aufgehoben; ihr wurde die Sprache geschenkt. Etwas anders erzählt Walter Keller die Geschichte in seiner Sammlung «Tessiner Sagen und Volksmärchen». Er hat wohl die Legende mit Motiven aus den Märchen ausgeschmückt.

Die Quellfrau In Ascona lebte einmal eine arme Familie mit vielen Kindern. Zum grossen Unglück der Not kam auch noch der Tod und holte die Mutter. Da nahm sich der arme Mann bald wieder eine Frau, aber das war eine lieblose Stiefmutter für die Kinder. Das älteste Mädchen, etwa vierzehnjährig, musste täglich gegen Losone zu die Schafe hinaustreiben. Jeden Tag bekam es eine Menge Wolle zum Spinnen mit hinaus und wehe, wenn am Abend nicht alles verarbeitet war! Da kam ein heisser Sommer übers Land. Die Bäche trockneten ganz aus, und es gab nur spärliches Futter für die Schafe. In dieser Verzweiflung kniete das arme Kind nieder und flehte zur heiligen Madonna: «Po-vera me, meine Schafe müssen sterben, wenn sie kein Wasser bekommen!» Und dann weinte es laut. Auf einmal sprang neben ihr ein Brünnlein aus dem Boden. Es war frisches, klares Wasser. Die Schafe kamen herbeigesprungen und labten sich, wurden wieder lebhaft und liessen sich am Abend heimtreiben. Das Mädchen kam mit verklärten Augen nach Hause, denn auch die Wolle war wunderfein gesponnen worden, während es hilfesuchend gebetet hatte. Das ganze Dorf lief hinaus, das Wunder zu sehen, denn an jenem Ort war zuvor nie eine Quelle gewesen. So baute man eine Kapelle zu Ehren der heiligen Maria, die das arme Kind erhört und beschützt hatte. Alljährlich wird dort ein Fest gefeiert mit Prozession und Messe, bei dem kühlen Quellwasser, das noch heute als wundertätig gilt.

Die Hirtin erblickt die weisse Frau bei der Quelle. Bildnis in der Kapelle Madonna della Fontana.

Hinter der Wasserfrau von Ascona steht auch im Tessin eine alte Quellgöttin. Schon die Bezeichnung «Unsere liebe Frau der Quelle» ist zweideutig und verweist eher auf eine vorchristliche Ahnfrau, die Regen schenkt und Gewässer hervorbringt. Verschiedene Spuren bestätigen unsere Vermutung. Nördlich von Biasca, wo das Leventina- und Bleniotal zusammenkommen, erhebt sich eine steile Schlucht mit einem Seitental. Der Zugang zu den Dörfern Pontirone und Fontana erfolgt über Malvaglia. Im Pontironetal selbst fliesst die Lesgiüna. Sie bildet Wasserfälle und braust tosend über Felsen und Steine. Versteckte Wirbel an ausgewaschenen Felsformationen sind die geheimen Orte des Flusses. Im Tal erzählt man, es sei die Heimat der unberechenbaren La Crenscia. Sie soll vor allem die Kinder erschrecken, die zu nahe am Bach spielen oder sich ins Wasser begeben. Dann komme plötzlich die Crenscia, ziehe das Kind am Bein und nehme es mit in die unergründlichen Tiefen der Lesgiüna. Ihr Aussehen sei schlangenartig, wohl halb Frau mit Schlangenleib. Die Crenscia im Pontironetal gleicht damit der Flussgöttin Maira im Bergell,

Das Verzascatal im Tessin ist eine der schönsten Naturlandschaften der Schweiz.

Nixe von Locarno-Muralto. Krypta in der Kirche St. Vittore. Sie erinnert an die Wasserfrau La Crenscia im Tessin.

die ebenfalls Kinder hinabziehen soll. Oder der Areuse-Vouivre «Femme Serpent» im Jura. Wie so oft wurde die alte Landschaftsahnin auch im Tessin arg dämonisiert und zu einer Kinderschreckgestalt gemacht. Doch einst war sie nicht ein unheimliches Gespenst gewesen, sondern eine Wassergöttin, die Kinder schenkte sowie Felder und Tiere gedeihen liess, indem sie Regen spendete. Ihr segensreicher Aspekt wurde auf Maria übertragen, während man sie selbst als böse Dämonin verunglimpfte.

In Biasca wiederum wurde die Ahnfrau zur heiligen Petronilla, der «Tochter» des Apostels Petrus. Ihr ist eine Kapelle bei einem Wasserfall geweiht. Mit ihrem rätselhaften Namen *Petronilla* überliefert sie indirekt den Namen der göttlichen Ahnfrau *Beth*, die einst in diesen Tälern verehrt wurde. Die (vor)keltischen Schicksalsfrauen Anabeth, Wilbeth und Borbeth finden sich denn auch ganz im Süden des Tessins. Zwischen Novazzano und dem italienischen Dorf Uggiate gibt es bei Somazzo eine Kirche und den sogenannten Totenhügel. In der Kirche sollen «drei junge Mädchen» lebend eingemauert worden sein. Als einmal ein Fuhrmann kam und den durstigen Frauen mit seinem Hut Wasser reichte, versprachen sie Regen bei grosser Trockenheit. Heute noch finden Prozessionen zu den drei Regenmacherinnen statt. Die Menschen der Gegend bezeugen, dass nach ihrem Besuch auf dem Hügel von Uggiate jeweils der erwünschte Regen gefallen sei.

Verzascatal

Diese Wanderung ist für Wasserliebhaber ein Höhepunkt: Talwanderung von Sonogno der Verzasca entlang nach Lavertezzo. Anreise: Mit der Bahn nach Tenero bei Muralto-Locarno, dort mit dem Postauto nach Sonogno. Jahreszeit: Mai bis November. Anforderung: mittelschwer. Höhendifferenz: 400 m, leichter Abstieg. Wanderzeit etwa vier Stunden. Rückreise: Von Lavertezzo mit dem Bus nach Tenero. Route: In Sonogno folgen wir dem Wanderweg Richtung Lavertezzo. Wir kommen zum Wegpunkt Lorentino, dort links nach Lavertezzo weiter wandern. Bei Ganne weiterhin auf dem Weg bleiben. Wir überqueren die Brücke Ponte Romana und gelangen zum Zielort Lavertezzo. Die eiskalte Verzasca fliesst im Tal grün und klar hinab. An besonderen Flussabschnitten hat das Wasser tiefe Furchen im Fels hinterlassen. Wunderbare Felsblöcke liegen im Flussbett und laden zum Verweilen ein. Der mehr als zehn Meter hohe Sprung von der Brücke ins kühle Nass gilt als beliebte Mutprobe.

Zürich –
Heilbrunnen der Wasserkirche

In der Altstadt von Zürich verbirgt sich ein legendärer Brunnen, der sogenannte Heilbrunnen der Wasserkirche. Diese Kirche befindet sich zwischen Grossmünster und Fraumünster direkt an der Limmat. Das Wasser selbst sprudelt heute aus einem delphinförmigen Ausguss in ein Becken, das in der Vorhalle des Helmhauses zu finden ist. Doch nicht immer hatte der Brunnen eine ruhige Zeit. Pilger, die durch die Schweiz nach Santiago de Compostela reisten, wünschten vom heiligen Wasser zu trinken. Man glaubte, das Mineralsalz im Wasser brächte den Kranken Linderung. Ein Predigermönch verkündigte hingegen im 15. Jahrhundert, dass die Heilkraft des Brunnens von den Stadtheiligen Felix und Regula herstamme. Vor allem, weil diese am Ort der Wasserkirche geköpft worden seien und ihr Blut vergossen hätten. Die Kraft des Brunnens sei daher übernatürlicher Art.

Doch beginnen wir mit den Anfängen. Im Jahr 1479 wurde die alte Kapelle abgebrochen und mit dem Bau der neuen Wasserkirche begonnen. Während der Arbeiten war erstmals heilkräftiges Wasser hervor-

Brunnen in der Vorhalle des Helmhauses bei der Zürcher Wasserkirche.

Bucht des Zürichsees sowie Mündung der Limmat in die Stadt.

getreten. Man sah unter dem Helmhaus ein dünnes Bächlein hervorrinnen, dessen Wasser etwas milchig gewesen sei, zudem soll es einen leichten Schwefelgeruch gehabt haben. Eine Frau kurierte sich mit diesem Heilwasser, was sich bald umhersprach und Nachfolge fand. Nachdem das Fundament der alten Kirche ganz abgeräumt worden war, sprudelte das Bächlein noch stärker hervor, wobei man den Schwefel deutlich riechen konnte. Das Wasser wurde in einem grossen Fass gesammelt, und die Leute kamen von weit her, um es zu schöpfen. Fassweise sei es in den umliegenden Dörfern verteilt worden und habe so manches Leiden geheilt. Später wurde das Wasser in einen Steinbrunnen gefasst. Mit einem an einer Kette befestigten Eimer konnte daraus geschöpft werden. So wurde der Brunnen bald «Heiliger Brunnen» oder «Gesundbrunnen» genannt, und zahlreiche Menschen, denen das Wasser geholfen hatte, brachten als Dank dafür bei der Wasserkirche Geschenke und kleine Tafeln an.

Während der Reformation wurde der Brunnen 1556 zugeschüttet. Die Begründung war, dass ihn die Geistlichkeit als «Lockvogel» benützt habe; er sollte nicht länger Anlass zu Aberglauben geben. Als nach langer

Zeit im Jahr 1791 das hölzerne Helmhaus durch einen Steinbau ersetzt wurde, legte man das Bett der Limmat trocken. Darauf quoll unter der Ecke des Kirchenchors Wasser hervor, das man mit der heiligen Quelle gleichsetzte. Das Volk freute sich über das wiederentdeckte Wasser. Die Regierung liess es auf Verlangen der Leute abermals fassen und über eine Pumpe in einen grossen Brunnen leiten. Jedoch wurde die eigentliche Quelle nie gefunden. Man hatte lediglich festgestellt, dass das Wasser etwas Mineralsalz enthielt. Dennoch wurde es weiterhin rege gegen alle Gebrechen verwendet, oft mit Erfolg durch viel Glauben an die Heilkraft. Der Brunnen war noch bis in die zweite Hälfte des 19. Jahrhunderts in Gebrauch. Als 1885 hinter der Wasserkirche das Zwinglidenkmal errichtet wurde, gab es den Brunnen nicht mehr. Heute glaubt man, es sei Grundwasser gewesen, das immer bei besonders niedrigem Wasserstand der Limmat nach oben gedrückt wurde.

Wie auch immer dieses Wasser zu beurteilen ist, bleibt doch die Tatsache bestehen, dass die Wasserkirche auf einem alten Kultplatz steht. Der Ort war früher eine Insel, auf der ein altarförmiger Kultstein zu sehen war. Heute ruht dieser verborgen, jedoch zugänglich, im Untergeschoss der Kirche. Verschiedene Funde aus der Bronzezeit belegen eine vorkeltische Tradition vor mehr als 3000 Jahren.

Mit dem Ort des Heilbrunnens ist auch eine Mythensage verbunden. Es handelt sich um die Erzählung «Kaiser Karl und die Schlange». Bemerkenswert ist, wie positiv hier die Schlange bewertet wird und wie aktiv sie beim ganzen Geschehen handelt.

Der Kaiser und die Schlange Als Kaiser Karl in Zürich im Haus «zum Loch» wohnte, liess er eine Säule mit einer Glocke und einem Seil daran errichten, damit jeder Recht verlangen konnte. Eines Tages geschah es, dass die Glocke erklang, die Diener aber niemanden beim Seil fanden. Da ertönte es von neuem. Der Kaiser befahl, nochmals hinzugehen. Diesmal sahen sie, dass eine grosse Schlange sich dem Seil näherte und die Glocke zog. Die Diener meldeten das dem Kaiser, der aufstand und dem Tier wie einem Menschen Recht sprechen wollte. Die Schlange begann, sich zu verneigen und zu gestikulieren. Bald führte sie den Kaiser an das Ufer eines Wassers, wo auf ihrem Nest und auf ihren Eiern eine Kröte sass. Der Kaiser entschied beim Streit der beiden Tiere, dass der

Die Schlange von Zürich versinnbildlicht den Fluss Limmat. Bildnis im Kreuzgang des Fraumünsters.

Ort der Schlange gehöre, worauf die Kröte verbrannt wurde. Einige Tage darauf kam die Schlange wieder an den Hof, neigte sich, wand sich auf den Tisch und hob den Deckel eines Bechers. In den Becher legte sie aus ihrem Mund einen kostbaren Edelstein, verneigte sich wiederum und ging weg. An dem Ort, wo das Nest der Schlange war, liess der Kaiser die Wasserkirche bauen.

Der Kaiser begegnete in Zürich nicht irgend einer Schlange, sondern dem Genius loci, dem «Ortsgeist», wie die Römer sagten. Mit dieser Schlange am Ort der Wasserkirche kann nur die Limmat gemeint sein. Der Fluss ist zusammen mit dem Zürichsee die Lebensader der Landschaft. Dass man den Fluss als lebendiges Wesen ansah, war keineswegs abwegig, sondern verbindet uns mit vielen Völkern, die eine animistische Naturauffassung kennen. Urvölker in Nordosteuropa sprechen die Flüsse mit «Mutter Fluss» an. In den Märchen indigener Stämme erscheint eine Flussmutter, die Ratschläge gibt und oft auch Gaben überreicht. Zum Beispiel einen Edelstein, ganz wie die Schlange von Zürich. Den Aborigines in Australien ist die Grosse Schlange mit den Eiern eines ihrer heiligsten Symbole. Sie repräsentiert die Urahnin der Schöpfung, die am

Anfang in der Traumzeit alles entstehen liess. Auf der mythischen Landkarte der Ureinwohner bedeutet eine Schlange mit den Eiern eine Wasserstelle. Gleichzeitig ist es ein Totemzentrum, also ein Ort, woher die Ahnen und Menschen kommen. Wünscht sich eine Frau ein Kind, geht sie dorthin, um vom Wasser zu empfangen.

Dieser Brauch verbindet die Aborigines mit fast allen Völkern, die eine archaische Naturmythologie pflegen. So zum Beispiel mit den Altvölkern Indiens, die im Fluss Ganges mehr sehen als ein reinigendes Element. Er ist heilig, weil er die lebendige Wasserform der Göttin Ganga darstellt. Eine Hymne besingt sie: «O Mutter Ganga! Du bist der Halsschmuck auf dem Kleid der Erde. Du bist es, durch die man den Himmel erreicht…» Bildnisse zeigen sie als wunderbare Frau mit einem Schlangenkörper, die Schlange selbst heisst Naga. Ihre Wohnstatt hat sie nicht nur in Flüssen, Seen und Gewässern, sondern auch in einem unterirdischen Palast. Im Hinduismus gilt der Ganges als ihre Personifizierung. Doch im Denken der Urbevölkerung Indiens, die eine animistische Naturauffassung hat, *ist* der Fluss die lebenspendende Göttin Ganga. In diesem Sinn war auch die Limmat einst ein heiliger Schlangenfluss. Die Mythensagen Europas berichten immer wieder von solchen Flüssen. Den Kult der Quellen und Gewässer kann man nicht verstehen, ohne sich mit der animistischen Naturphilosophie vertraut zu machen. Diese ganzheitliche Naturanschauung war über Jahrtausende hinweg prägend für Menschen unterschiedlicher Kulturen. Und sie ist es heute noch – wenn auch oft in fast unkenntlicher Form.

Flussgöttin Ganga als Schlangenfrau (Naga).

Zürich – Heilbrunnen der Wasserkirche

Tüfels Chilen

Kollbrunn (493 m) – Bolsterenbuck – Tüfels Chilen (570 m) – Rörlitobel – Unter Schlatt – Hand – Schauenberg (892 m) – Hutziker Tobel (610 m) – Schnurberg (710 m) – Tüfels Chanzel – Turbenthal (550 m), 5 Std.

Die abwechslungsreiche Wanderung beginnt am Bahnhof Kollbrunn im Tösstal und endet in Turbenthal. Beide Orte sind mit der Bahn von Zürich oder Winterthur aus gut erreichbar. Empfehlenswert ist auf dem Wanderweg ein Abstecher zum Gasthof Gyrenbad. Er gilt als einer der schönsten Landgasthöfe der Schweiz und stammt aus dem 17. Jahrhundert. Höhepunkte sind der Schauenberg mit seinem wunderbaren Panorama sowie der mystische Ort Tüfels Chilen. Es handelt sich um eine anmutige Quellenlandschaft mit einem Tuffsteingebilde. Das kalkhaltige Wasser hat hier während Jahrhunderten eine einzigartige, mit Moos bewachsene Natur geschaffen. Wie bei einer Tropfsteinhöhle hat das stetige Fliessen ein terrassenförmiges Gebilde mit einem kleinen Wasserfall geformt. Leider ist keine Sage überliefert, die nähere Auskunft über den Ort geben könnte. Nur der Name «Tüfels Chilen» weist darauf hin, dass es sich um einen besonderen Platz aus vorchristlicher Zeit handelt. Ausserdem wurde eine kleine Gabe an die Quelle entdeckt: eine Münze aus römischer Zeit. Sie belegt eine frühe Verehrung des Wasserortes.

Quellenlandschaft Tüfels Chilen der Region Kollbrunn bei Winterthur.

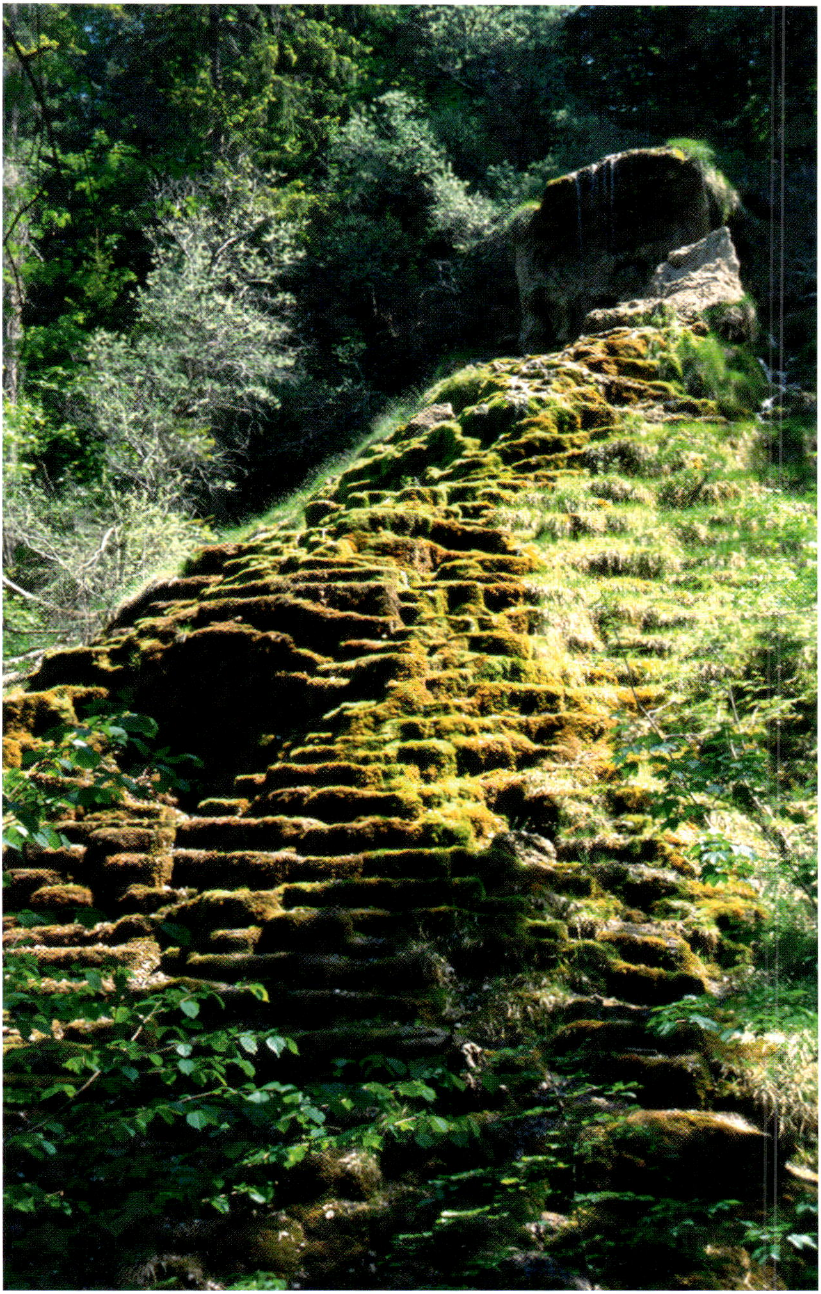

Literatur

Bord, Janet und Colin: Sacred Waters. Holy Wells and Water Lore in Britain and Ireland. London 1985.
Büchli, Arnold: Bündner Sagen. Zürich 1966.
Büchli, Arnold: Schweizer Sagen. Zürich 1971.
Büchli, Arnold: Mythologische Landeskunde von Graubünden. 3 Bände. Disentis 1990.
Burns, Richard: Dodola and Peperuda. The Balkan Rainmaking Customs. Camebridge o.J.
Caminada, Christian: Die verzauberten Täler. Alte Bräuche in Graubünden. Olten 1961.
Derungs, Kurt: Amalia oder Der Vogel der Wahrheit. Mythen und Märchen aus Rätien im Kulturvergleich. Chur 1994.
Derungs, Kurt: Mythen und Kultplätze im Drei-Seen-Land. Bern 2002.
Derungs, Kurt: Geheimnisvolles Zürich. Sakrale Stätten am Zürichsee. Grenchen 2004.
Derungs, Kurt: Geheimnisvolles Basel. Sakrale Stätten im Dreiland. Grenchen 2004.
Derungs, Kurt und Christina Schlatter: Quellen Kulte Zauberberge. Landschaftsmythologie der Ostschweiz und Vorarlbergs. Grenchen 2005.
Derungs, Kurt und Isabelle M. Derungs: Magische Stätten der Heilkraft. Marienorte mythologisch neu entdeckt. Quellen, Steine, Bäume und Pflanzen. Grenchen 2006.
Derungs, Kurt: Der Kult der heiligen Verena. Auf den Spuren magischer Orte und Heilkräfte. Baden, München 2007.
Derungs, Kurt: Baumzauber. Die 22 Kultbäume der Schweiz. Grenchen 2008.
Derungs, Kurt und Sigrid Früh: Der Kult der drei heiligen Frauen. Mythen, Märchen und Orte der Heilkraft. Grenchen 2008.
Derungs, Kurt: Der Marswald von Sankt Luzisteig. Die heiligen Luzius und Emerita von Britannien als Glaubensboten in Oberrätien. In: Terra plana, Heft 3. Mels 2008.
Devereux, Paul: The Sacred Place. London 2000.
Die Sagensammlung der Nina Camenisch. Hrsg. von Ursula Brunold-Bigler. Disentis 1987.
Die ursprünglichen Märchen der Brüder Grimm. Hrsg. von Kurt Derungs. Bern 1999.
Fink, Hans: Verzaubertes Land. Volkskult und Ahnenbrauch in Südtirol. Innsbruck 1983.
Früh, Sigrid und Kurt Derungs: Die Schwarze Frau. Kraft und Mythos der schwarzen Madonna. Zürich 2003.
Gélis, Jacques: Die Geburt. Volksglaube, Rituale und Praktiken von 1500–1900. München 1989.

Gimbutas, Marija: Die Sprache der Göttin. Frankfurt 1995.
Glaettli, Karl Werner: Zürcher Sagen. Zürich 1959.
Golowin, Sergius: Hausbuch der Schweizer Sagen. Wabern 1981.
Götti, Patricia: Märchenhafter Glasbrunnen – Liebeszauber, chemisch rein. In: Der Bund, 22. Juli 2008.
Göttner-Abendroth, Heide: Die Göttin und ihr Heros. München 1996.
Gazak, Viktor: Das Buch aus reinem Silber. Eine russische Märchenreise vom Amur zur Wolga. Bergisch Gladbach 1989.
Green, Miranda: Celtic Goddesses. London 1995.
Hahn, Gernot von und Hans-Kaspar von Schönfels: Wunderbares Wasser. Von der heilsamen Kraft der Brunnen und Bäder. Aarau, Stuttgart 1980.
Handwörterbuch des deutschen Aberglaubens. Hrsg. von Hanns Bächtold-Stäubli. Berlin, Leipzig 1927 ff.
Högl, Otto: Die Mineral- und Heilquellen der Schweiz. Bern 1980.
Holmberg, Uno: Das Wasser des Lebens. Göttinnen und Wasserkult. Bern 1997.
James, Edwin O.: Der Kult der Grossen Göttin. Bern 2003.
Keckeis, Peter: Sagen der Schweiz. Graubünden. Zürich 1986
Keller, Walter: Tessiner Sagen und Volksmärchen. Zürich 1940.
Kohlrusch, Clemens: Schweizerisches Sagenbuch. Leipzig 1854.
Kufner, Lore: Getaufte Götter. Heilige zwischen Mythos und Legende. München 1992.
Kutter, Erni: Der Kult der drei Jungfrauen. München 1997.
La Grotte de Sainte-Colombe. Broschüre. Undervelier o.J.
Lersch, B.M.: Geschichte der Balneologie. Würzburg 1863.
Liebl, Elsbeth und Hanns Bächtold: Kinderherkunft und Kinderbringer. In: Mythologische Landschaft Schweiz, a.a.O., p. 198 ff.
Lienert, Meinrad: Schweizer Sagen und Heldengeschichten. Stuttgart 1915.
Mannhardt, Wilhelm: Wald- und Feldkulte. Berlin 1905.
Meyer-Ahrens, Conrad: Heilquellen und Kurorte der Schweiz. Zürich 1850.
Michel, Hans: Ein Kratten voll Lauterbrunner Sagen. Interlaken o.J.
Michell, John: Heiliges England. Frankfurt a.M. 2000.
Muheim, Josef. Sagenhaftes Habsburgeramt und Rigigebiet. Hitzkirch 1994.
Müller, Josef: Sagen aus Uri. Basel 1926.
Müller, Kuno: Die Luzerner Sagen. Luzern o.J.
Muthmann, Friedrich: Mutter und Quelle. Studien zur Quellenverehrung im Altertum und im Mittelalter. Basel 1975.
Mythologische Landschaft Schweiz. Hrsg. von Kurt Derungs. Bern 1997.
Mythologische Landschaft Deutschland. Hrsg. von Heide Göttner-Abendroth und Kurt Derungs. Bern 1999.
Pennick, Nigel: Die alte Wissenschaft der Geomantie. München 1982.
Pennick, Nigel: Celtic Sacred Landscapes. London 1996.
Ranke-Graves, Robert von: Griechische Mythologie. Reinbek bei Hamburg 1987.
Rochholz, Ernst L.: Schweizersagen aus dem Aargau. Aarau 1856. (Reprint Zürich 1989)

Rochholz, Ernst L.: Naturmythen. Neue Schweizersagen. Leipzig 1862.
Runge, Heinrich: Wasserkult in der Schweiz. In: Mythologische Landschaft Schweiz, a.a.O., p. 11 ff. Teilreprint von «Der Quellkultus in der Schweiz». Zürich 1859.
Sagen aus dem Kanton Zürich. Hrsg. von Ursina Lüthi. Zürich 1987.
Selbmann, Sibylle: Mythos Wasser. Symbolik und Kulturgeschichte. Karlsruhe 1995.
Simonett-Giovanoli, Elda: Bivio und das Bergell. Chur 1995.
Tylor, Edward B.: Animismus. In: Die Anfänge der Cultur. Band I + II. Leipzig 1873.
Weinhold, Karl: Die Verehrung der Quellen. In: Mythologische Landschaft Deutschland, a.a.O., p. 14 ff. Teilreprint von «Die Verehrung der Quellen in Deutschland». Berlin 1898.
Wünsche, August: Lebensbaum und Lebenswasser. In: Holmberg, Das Wasser des Lebens, p. 168 ff.

Bildnachweis

Seite 23: Foto von Kurt Derungs aus der öffentlichen Bildgalerie Hans Erni auf dem Pilatus.
Seite 36: Foto von Christina Schlatter.
Seite 46: Pressebild Kraftarena Gross Gerungs.
Seite 66 unten: Foto des Tourismusbüros Pottenstein.
Seite 74: Maria Savi-Lopez: Alpensagen. Stuttgart 1893.
Seite 97 links: Marcel Pobé und Jean Roubier (Hg.): Kelten – Römer. 1000 Jahre Kunst und Kultur in Gallien. Olten 1958, Abb. 171. Rheinisches Landesmuseum, Trier.
Seite 103: Steinschnitt von Sakkiassie Ragee, 1961; Dorset Fine Arts, Toronto/Ont., West Baffin Eskimo Cooperative Ltd., Cape Dorset, NWT., Canada.
Seite 111: St. Galler Legendar von 1452, Cod. Sang. 602, Stiftsbibliothek St. Gallen.
Seite 155: Hans Michel: Ein Kratten voll Lauterbrunner Sagen. Interlaken o. J.
Seite 156: Hans Michel, dito.
Seite 168 oben: Foto von Leukerbad Tourismus.
Seite 180: Foto von Felix Wesch.

Alle übrigen vom Autor. Mit freundlicher Unterstützung von Isabelle M. Derungs. Bei wenigen Abbildungen konnte das Copyright nicht mehr eruiert werden.

Sponsoren

Verlag und Autor danken folgenden Sponsoren
für ihre freundliche Unterstützung: